LEXIQUE DE SCIENCE POLITIQUE

Philippe Boudreau
Claude Perron

Consultant
Jean Murdock
Cégep de Jonquière

Chenelière/McGraw-Hill
MONTRÉAL • TORONTO

Lexique de science politique

Philippe Boudreau, Claude Perron

© 2002, 1998 Les Éditions de la Chenelière inc.

Editrice: Karole Lauzier
Coordination: Samuel Rosa
Révision linguistique: Renée-Léo Guimont
Correction d'épreuves: Chantal Quiniou
Infographie: Claude Bergeron
Couverture: Josée Bégin

Données de catalogage avant publication (Canada)

Boudreau, Philippe, 1965-

Lexique de science politique

Nouv. éd.

Publ. antérieurement sous le titre: 350 mots clés de science politique. 1998.

Comprend des réf. bibliogr.

ISBN 2-89461-696-1

1. Science politique — Dictionnaires français. I. Perron, Claude, 1948-. II. Titre. III. Titre: 350 mots clés de science politique.

JA62.B74 2001   320'.03   C2001-941515-X

Chenelière/McGraw-Hill
7001, boul. Saint-Laurent
Montréal (Québec)
Canada H2S 3E3
Téléphone : (514) 273-1066
Télécopieur : (514) 276-0324
chene@dlcmcgrawhill.ca

ISBN 2-89461-696-1

Dépôt légal: 1er trimestre 2002
Bibliothèque nationale du Québec
Bibliothèque nationale du Canada

Imprimé au Canada

   2   3   4   5   ITG   06   05   04   03

Nous reconnaissons l'aide financière du gouvernement du Canada par l'entremise du Programme d'aide au développement de l'industrie de l'édition (PADIÉ) pour nos activités d'édition.

L'Éditeur a fait tout ce qui était en son pouvoir pour retrouver les copyrights. On peut lui signaler tout renseignement menant à la correction d'erreurs ou d'omissions.

DANGER

LE
PHOTOCOPILLAGE
TUE LE LIVRE

Avant-propos

Ce lexique vise à rendre accessible à des étudiants de niveau postsecondaire le vocabulaire de base de la science politique. Il s'appuie sur notre expérience de l'enseignement de la science politique et sur des années d'expérimentation de versions antérieures – de prototypes, pourrions-nous dire. Tout ce travail passé nous pousse à croire qu'une des clefs indispensables pour pénétrer l'univers politique est la compréhension de concepts fondamentaux tels que **État**, **nation**, **acteur**, **démocratie**, etc. Que sont les concepts, sinon une tentative de représenter schématiquement des pans entiers de la réalité observée qui, sans cet effort d'abstraction, resterait difficilement saisissable ?

Si tous les politicologues s'entendent sur le rôle crucial que joue la maîtrise de termes élémentaires de la science politique dans la compréhension des réalités examinées, force est de constater qu'à ce jour, bien peu de lexiques de langue française poursuivant cet objectif de vulgarisation ont vu le jour. Les autres lexiques actuellement disponibles s'adaptent mal au contexte particulier des études postsecondaires de langue française au Québec. Ils sont centrés sur la France ou l'Europe, ils renvoient à un vocabulaire politique qui n'est pas toujours celui que l'on trouve ici et, de surcroît, ils sont dispendieux. Au contraire, le présent ouvrage prétend combler le besoin d'un lexique qui, tout à la fois, aborde les fondements de la science politique, convient à l'étude de la scène politique québécoise et canadienne, couvre la dimension internationale et est vendu à un prix abordable.

On notera que nous n'avons pas retenu un type uniforme de définitions. Certaines sont courtes et précises alors que d'autres sont élaborées et demanderont plus d'une lecture. Par ailleurs, certaines définitions sont purement techniques, tandis que d'autres véhiculent de toute évidence un point de vue. Cette hétérogénéité renvoie à la nature même des termes et des concepts : ceux-ci peuvent avoir un caractère tantôt plus formel ou neutre, tantôt plus normatif.

Ceci nous amène à une dernière remarque. Certains pourront nous demander – et avec raison – pourquoi tel terme figure dans le lexique alors que tel autre en est absent. Ces entrées se sont imposées d'elles-mêmes, au fil des ans, à partir des questions posées par les cohortes d'élèves précédentes. Cependant, nous avons tenu compte de nombreuses suggestions d'ajouts dans cette nouvelle édition et tenons à remercier tous ceux et celles qui nous ont écrit.

Comment utiliser ce lexique

Initialement, cet ouvrage a été conçu comme un outil à utiliser en classe au moment des cours pour permettre aux étudiants d'alléger la prise de notes et pour leur offrir la possibilité de se concentrer davantage sur le travail de compréhension et de réflexion.

Avec les années, ce lexique a pris de l'ampleur et est devenu très utile comme ouvrage de consultation pour la réalisation de certains exercices et travaux de recherche en dehors des heures de cours, ou tout simplement comme ouvrage de référence accompagnant toute lecture en science politique.

Les termes qu'il contient sont ceux qui sont utilisés dans le cadre des divers cours de science politique au cégep et à l'université. Ce sont aussi les termes qui reviennent régulièrement dans l'actualité journalistique ou encore dans des ouvrages spécialisés, deux sources d'information que les étudiants de sciences humaines doivent consulter tôt ou tard.

Par ailleurs, nous avons voulu que la forme de ce livre soit souple plutôt que contraignante et que son caractère soit celui d'un *work in progress* plutôt que d'une œuvre achevée. Les définitions qu'il contient méritent donc d'être annotées, illustrées, précisées, nuancées, commentées... De nouvelles entrées devront certainement s'ajouter en cours d'utilisation et, pour toutes ces raisons, une mise en page aérée a été prévue. Surtout, il ne faut pas se gêner pour utiliser l'espace disponible à cette fin.

Remerciements

Enfin, nous profitons de l'occasion qui nous est donnée ici pour remercier quelques personnes pour leur précieuse collaboration. Nous pensons bien sûr à tous les collègues qui nous ont conseillés de diverses façons lors de la préparation de ce livre. Nous soulignons également la précieuse contribution de Jean Murdock, enseignant en science politique au Cégep de Jonquière, qui a évalué, critiqué et complété notre travail, ainsi que celle de Guy Falardeau, enseignant en science politique au Cégep de Bois-de-Boulogne, qui en a fait la révision finale. Pour terminer, un merci tout spécial à Marcel Gingras, Maryse Lauzon et Lucille Mallette, pour leurs conseils judicieux et leur aide inestimable.

Philippe Boudreau, pboudro@cam.org
Claude Perron, clperron@videotron.ca

A

ABDICATION

◆ Au sens large, renonciation, démission, abandon. Dans une **monarchie**, décision du souverain, qu'elle soit volontaire ou forcée, de renoncer au pouvoir politique et aux privilèges qui y sont rattachés. Expression synonyme dans ce cas : abandon du trône.

ABORIGÈNE

◆ Synonyme d'**autochtone**. Contrairement à l'anglais *aboriginal*, en français le terme aborigène est surtout associé aux populations autochtones d'Australie.

ABROGATION

◆ Action de supprimer une loi ou une partie d'une loi. En règle générale, ce pouvoir appartient à une **assemblée législative** (exemple : Parlement) et/ou à un tribunal de dernière instance (exemple : Cour suprême).

ABSOLUTISME

◆ Système de **gouvernement** qui s'est développé en Europe au XVIe siècle. Les **théories** absolutistes, souvent basées sur le **droit** divin, vont permettre de concentrer tous les pouvoirs (**législatif, exécutif et judiciaire**) entre les mains du roi, qui devient ainsi « empereur en son royaume » (Duverger, 1971, p. 454). La France, sous le règne de Louis XIV (ce dernier aurait déclaré « l'État, c'est moi »), représente un exemple classique de ce type de **régime** politique. Pratiquement tous les États d'Europe vont connaître ce mode de gouvernement entre le XVIe et le XVIIIe siècle.

L'absolutisme monarchique va permettre d'assurer la **souveraineté** des royaumes face au pape, de renforcer l'autorité du roi face aux autres seigneurs et de mettre en place un appareil politique et administratif centralisé pouvant régir l'ensemble du territoire et de la population. En ce sens, ce système de gouvernement préfigure l'**État** moderne.

Aujourd'hui, on qualifie d'absolutistes des **systèmes politiques** très différents, mais qui ont en commun l'exercice d'un pouvoir concentré qui n'est soumis à aucun contrôle.

⇨ DESPOTISME, DICTATURE ET TYRANNIE.

ABSTENTION

◆ Le fait de ne pas se prononcer, que ce soit lors d'un scrutin ou dans le cadre d'une assemblée délibérante. Ne signifie pas forcément que l'on n'a aucune opinion sur la question soumise au vote, ni que l'on se désintéresse du débat. Peut être pertinent lorsque aucune des options proposées ne semble satisfaisante, lorsqu'on n'a pas encore tout à fait arrêté son choix, ou même lorsqu'on considère l'exercice de consultation comme étant futile et insignifiant.

Lors des élections (provinciales, fédérales, législatives, présidentielles, etc.), l'abstention consiste à ne pas se rendre aux urnes ; en pratique, elle correspond au refus de participer. Aux dernières élections fédérales au Canada (novembre 2000), le taux d'abstention a atteint un sommet historique : il frôlait 38 %. Au Canada, jamais ce taux n'avait été atteint depuis que l'on dispose de statistiques fiables là-dessus, soit depuis 1921.

ACCORD DE CHARLOTTETOWN

◆ À Charlottetown, Île-du-Prince-Édouard, en 1992, les représentants du gouvernement du Canada, des 10 provinces, des 2 territoires, des nations autochtones et des organisations métisses se sont entendus et ont signé ledit Accord. Ultime effort pour modifier la **Constitution** canadienne et dans la foulée de l'échec de l'**Accord du lac Meech** deux ans plus tôt, les tenants de l'entente prétendaient qu'elle répondait aux demandes de l'ensemble des parties. Mentionnons, entre autres, les cinq demandes du Québec à l'époque de Meech (dont celle du statut de société distincte), les demandes des autres provinces concernant une éventuelle réforme du **Sénat** canadien, la révision du partage des **compétences** entre les deux paliers de gouvernement et les limites au « pouvoir de dépenser » du gouvernement fédéral, celles des **territoires** voulant accéder au statut de provinces, de même que celles des nations autochtones concernant leur droit inhérent à l'autonomie gouvernementale ; tout cela sans remettre en question le rôle prépondérant du gouvernement fédéral, plus particulièrement dans les domaines de l'économie, du développement social, des disparités régionales, etc. Complexe aux plans politique et juridique, se prêtant à plusieurs interprétations souvent diamétralement opposées, sorte de fourre-tout selon ses détracteurs, l'Accord fut rejeté dans une proportion de 55 % (de 57 % au Québec) par la population canadienne lors d'un référendum.

ACCORD DU LAC MEECH

◆ Entente signée en juin 1987 à la résidence d'été du **premier ministre** du Canada (située sur les rives du lac du même nom, dans la vallée de la Gatineau, au Québec), par ce dernier et par les premiers ministres des 10 **provinces**. Parrainé par Brian Mulroney et Robert Bourassa, cet accord visait à modifier la **Loi constitutionnelle de 1982** à laquelle le Québec refusait toujours de se rallier.

L'accord respectait les cinq conditions minimales d'adhésion formelle du Québec à la **Constitution** canadienne, telles que formulées par le gouvernement du Parti libéral du Québec, à savoir : la reconnaissance du fait « que le Québec forme au sein du Canada une société distincte », des pouvoirs accrus en matière d'immigration, la nomination de trois des neuf juges de la Cour suprême à partir d'une liste de candidatures fournie par le Québec, un droit de retrait des programmes conjoints avec compensation financière et un droit de *veto* sur toute question constitutionnelle.

Devant être ratifié par les 11 parlements à l'intérieur d'un délai de trois ans, l'Accord du lac Meech devint caduc en 1990 à la suite de la non-ratification des assemblées législatives du Manitoba et de Terre-Neuve.

ACTE CONSTITUTIONNEL (1791)

◆ Loi de la **métropole** anglaise qui constituait le Haut et le Bas-Canada et les dotait de nouvelles institutions politiques parlementaires de type britannique. Ainsi, chacune des deux entités se voyait accorder une **Chambre** d'assemblée élue. Par contre, la Couronne nommait le gouverneur et les membres des Conseils exécutif et législatif de chacune des deux **colonies**. Ces derniers contrôlaient le budget (les « subsides ») et ils avaient un droit de *veto* sur les décisions prises par les Chambres d'assemblées. « C'est là donner au peuple la parole mais pas nécessairement le pouvoir » (Mann-Trofimenkoff, 1986, p. 73). L'assemblée élue avait en effet le pouvoir **législatif**, mais c'est Londres et l'aristocratie coloniale qui contrôlaient le pouvoir **exécutif**, le **gouvernement**. C'est dans ce contexte qu'allait commencer la lutte pour l'obtention de la **responsabilité ministérielle**, pour une démocratie parlementaire réelle donc, lutte qui allait culminer avec la **Rébellion de 1837-1838**.

ACTE DE L'AMÉRIQUE DU NORD BRITANNIQUE (1867)

◆ Résultat de nombreuses tractations aux plans colonial et métropolitain, cette loi britannique entrait en vigueur le 1ᵉʳ juillet 1867 et créait la **fédération** canadienne. À l'origine, la « Confédération » était composée de quatre provinces : l'Ontario et le Québec (soit l'ex-Canada Uni de 1840), le Nouveau-Brunswick et la Nouvelle-Écosse (l'Île-du-Prince-Édouard et Terre-Neuve ayant refusé d'adhérer au « pacte »).

Comprenant 147 articles, cette loi prévoit, entre autres (articles 91 à 95), la répartition des pouvoirs ou **compétences** législatives entre les deux paliers de gouvernement. Ainsi, le Parlement central ou fédéral, souverain en dernière instance, aura **juridiction** en ce qui concerne les impôts, le commerce et l'industrie, la défense nationale, la monnaie, les banques, les pouvoirs résiduaires... alors que chaque **province** sera responsable de légiférer au sujet des écoles, des hôpitaux, des institutions municipales, du **droit civil**... Enfin, certains domaines législatifs seront partagés ou mixtes : droit, taxation, immigration, agriculture, etc.

L'AANB est considéré comme l'acte de naissance officiel du Canada à titre de pays. En 1982, l'Acte de l'Amérique du Nord britannique a été renommé Loi constitutionnelle de 1867.

⇨ STATUT DE WESTMINSTER, LOI CONSTITUTIONNELLE DE 1982.

ACTE DE QUÉBEC (1774)

◆ En 1774, la Grande-Bretagne dote sa **colonie** française d'Amérique du Nord d'une nouvelle **Constitution**, qui annule la **Proclamation royale** de 1763. Il s'agit d'un revirement radical de la politique britannique face à cette même colonie. Le « Québec » d'alors est doté d'un territoire allant de l'Ohio et du Mississippi jusqu'au Labrador (reconstituant presque celui de la Nouvelle-France). Les lois civiles, la langue et les **institutions** françaises sont rétablies, de même que le régime seigneurial, le libre exercice de la religion catholique et la dîme. Le serment du Test, datant de 1763, étant aboli, les Canadiens français ont désormais accès aux charges publiques et donc au Conseil législatif, dont les membres sont nommés par le gouverneur.

Cette politique de conciliation de la part des Britanniques à l'égard des **élites** canadiennes-françaises, soit le clergé et les seigneurs, visait à faire du Québec un contrepoids aux 13 colonies américaines rebelles.

ACTE D'UNION (1840)

◆ En 1840, cette loi anglaise imposait l'union des Haut et Bas-Canada (qui devenaient respectivement le Canada-Ouest et le Canada-Est). Cette nouvelle province du Canada Uni était dotée des **institutions** politiques de 1791 : un gouverneur, un Conseil exécutif et un Conseil législatif nommés par Londres et une Chambre d'assemblée élue. Dans la foulée du rapport Durham, qui proposait d'assimiler les Canadiens français, l'Acte d'Union faisait de l'anglais la seule langue officielle de la **colonie**. Enfin, la population du Canada-Est, nettement plus nombreuse et majoritairement canadienne-française, obtenait le même nombre de **députés** que le Canada-Ouest. Les députés canadiens-français devenaient donc minoritaires à la Chambre d'assemblée.

ACTEUR

◆ Notion centrale en science politique, l'acteur est celui qui agit, dans la société, sur la scène politique, en défendant des intérêts, des valeurs, des croyances et en participant d'une façon ou d'une autre (par la parole, l'écriture ou par l'action directe) à des débats ou encore à des **conflits** qui sont d'intérêt public. L'acteur est donc au cœur de la vie politique, il tente d'influencer la gouverne de la **Cité**. Il peut s'agir d'un individu (**citoyen, intellectuel**, politicien...), d'un groupe organisé (**groupe de pression, parti politique**...) ou encore d'une **institution** (clergé, armée, **gouvernement**). Dans l'actualité politique quotidienne, les exemples concrets d'acteurs politiques engagés dans des débats ou conflits sont légion. Les comportements et les attitudes des différents acteurs ou encore des différentes forces politiques sont un objet d'étude important de la **science politique**.

ACTIVISTE

◆ Celui ou celle qui se consacre à la défense d'une cause politique. Militant de façon intensive, l'activiste agit généralement dans le cadre d'un groupe ou d'un parti marginal ou clandestin, et il ne rejette pas *a priori* le recours à des moyens d'action illégaux ou violents, comme l'action directe.

◆ Sous l'influence de l'anglais, le terme a connu un glissement de sens et veut plus ou moins dire, de nos jours, **militant**.

ADMINISTRATION PUBLIQUE

◆ Ensemble des **organismes** (sociétés, agences, régies, etc.) et du personnel au service de l'**État**. Les fonctionnaires sont chargés de la mise en application des **politiques**, sans intervenir directement dans le processus de prise de décision. Selon leur place dans la hiérarchie administrative et leur définition de tâche, les employés de l'État contribuent éventuellement au travail de conception des **lois** ou **règlements** dont la responsabilité revient cependant aux autorités politiques (le **ministre** ou, en dernière instance, le **premier ministre** dans le cas du **régime parlementaire**).

◆ Domaine de la **science politique** dont la spécialité est l'étude des structures et des modes de fonctionnement de l'administration publique. On y étudie les **théories** et les phénomènes liés à la gestion des affaires publiques (l'impact des grandes politiques des **gouvernements**, les phénomènes de **bureaucratie**, etc.), de même que le **droit** administratif, les processus budgétaires, etc.

AFRIKANER

◆ Peuple blanc d'Afrique du Sud formé des descendants des colons d'origine hollandaise, allemande et française qui ont débarqué au XVIIe siècle ou après. Ils étaient désignés autrefois par le terme « Boers » (les paysans). Les Afrikaners constituent plus de la moitié de la population blanche sud-africaine, l'autre contingent de Blancs étant essentiellement composé de personnes d'origine britannique. C'est à la communauté afrikaner que l'on attribue la conception et l'installation du régime d'apartheid en Afrique du Sud.

AIDE LIÉE

◆ En relations internationales, sorte d'assistance économique fournie – le plus souvent par une agence gouvernementale – à un État, à condition que celui-ci utilise l'aide aux fins et selon les modalités définies par le bailleur de fonds. L'aide liée « oblige le pays bénéficiaire à donner la préférence à l'achat de technologie ou de produits en provenance du ou des pays fournisseurs, qui peuvent ainsi voir refluer en sens inverse l'argent déboursé » (Commission française Justice et Paix, 1990, p. 300).

AJUSTEMENT STRUCTUREL

◆ Terme générique employé pour désigner un train de mesures mises de l'avant par certaines institutions financières internationales (comme le **FMI** et la **BIRD**) et imposées aux États du **tiers-monde** afin de leur indiquer comment prendre en charge un problème d'endettement qui dorénavant les dépassait. Selon la Commission française Justice et Paix, on retrouve « parmi les mesures les plus fréquemment appliquées [...] la réduction des dépenses publiques, notamment dans des secteurs [...] tels que la santé ou l'éducation, la réduction des subventions, notamment aux produits alimentaires, la compression des effectifs du secteur public [...], la dévaluation de la monnaie, la libération des échanges de matières premières et la privatisation des entreprises publiques » (1990, p. 150).

Ces politiques, tout en permettant aux pays visés de remplir leurs obligations envers le **service de la dette**, provoquent néanmoins des problèmes internes mis en évidence par des soulèvements populaires. Par exemple : « révolte du pain » en Tunisie (1984), émeutes dites du « Caracazo » au Venezuela (1989), etc.

⇨ DETTE EXTERNE, NÉOCOLONIALISME.

ALENA

◆ L'Accord de **libre-échange** nord-américain (ALENA) est une entente signée le 17 décembre 1992 entre le Canada, les États-Unis et le Mexique visant à arriver progressivement à une libre circulation des biens et des services entre les trois pays.

L'ALENA reconduit un certain nombre d'ententes bilatérales Canada/États-Unis qui s'appliquaient déjà depuis le 1er janvier 1989 avec l'accord de libre-échange canado-américain (automobile, textile, vêtement, agriculture). L'ALENA vise surtout la suppression des barrières tarifaires et autres entraves au commerce existant entre les trois pays, de façon à constituer une zone de libre-échange intégrée, comptant au total 360 millions d'habitants et pouvant rivaliser avec d'autres grands ensembles économiques.

Il n'est pas exclu que l'Accord s'ouvre à d'autres pays d'Amérique latine. Déjà, le Chili a signé un accord bilatéral de libre-échange avec le Canada.

⇨ LIBÉRALISME ÉCONOMIQUE, MONDIALISATION, NÉOLIBÉRALISME, ZLEA.

ALIÉNATION

◆ Au sens juridique, synonyme de transmission, de cession ou d'abandon d'un bien ou d'un droit.

◆ Au sens philosophique, transformation de l'homme (sujet actif) en chose (objet passif). L'individu aliéné est celui qui cesse de s'appartenir, qui perd sa **souveraineté** et qui devient l'esclave des choses, l'objet des **institutions**. Il peut s'agir, par exemple, d'aliénation religieuse (soumission au divin, à l'Église), d'aliénation économique (soumission à la production, au marché, au capital), ou encore d'aliénation politique (soumission au pouvoir de l'État ou à celui des appareils **technocratiques**). Synonymes : chosification et réification.

ALIGNEMENT OU ALIGNÉ

⇨ NON-ALIGNEMENT / NON ALIGNÉ.

ALLIANCE

◆ De façon générale, peut désigner toute situation où il y a **coalition** entre deux ou plusieurs forces politiques pour faciliter l'atteinte d'un objectif commun. Exemple : l'entente du 12 juin 1995 a scellé l'alliance entre l'Action démocratique du Québec, le Bloc québécois et le Parti québécois en vue du référendum sur la souveraineté du 30 octobre 1995.

◆ **Alliance militaire :** désigne une union de plusieurs pays qui s'engagent, par un traité ou un pacte, à assurer collectivement leur sécurité et à se prêter mutuellement secours en cas de guerre. L'Organisation du traité de l'Atlantique Nord (**OTAN**), qui regroupe 19 pays dont le Canada, est la plus puissante alliance militaire de la planète. Autres alliances : l'Union de l'Europe occidentale (UEO), le Conseil de coopération du Golfe (CCG) et l'ANZUS (regroupant les États-Unis, l'Australie et la Nouvelle-Zélande).

ALTÉRITÉ

◆ Le contraire de l'**identité**. Tout ce qui est différent de soi, tout ce qui est étranger à soi, « l'Autre ».

Tous et chacun, nous sommes portés à voir l'altérité comme étant l'opposé à soi, le revers de la médaille, voire l'ennemi. Ceci dépend de la façon dont s'est construite notre **identité** et du rôle qu'on a fait jouer à l'Autre, historiquement, pour forger cette dernière. Prenons un exemple : pour se définir comme Québécois, une personne peut très bien dire : je ne suis pas européen, je ne suis pas français, je ne suis pas citoyen américain, je ne vis pas dans une province anglo-saxonne, je ne suis pas autochtone, etc. Je suis différent de tous ces « Autres » et comme Québécois j'existe indépendamment d'eux, je veux exister malgré eux. Tout cela serait admissible. Alimentée par la peur – dont celle de disparaître –, cette personne pourrait même faire porter à tous ces « Autres » le blâme pour divers maux : Anglo-Saxons bornés, Américains impérialistes, Français chauvins, autochtones qui nous coûtent cher (taxes, subventions, etc.). Une telle « argumentation » peut paraître séduisante. Ce procédé se transforme vite en pente glissante cependant, car on refuse trop souvent de voir la fonction que joue, pour tous et chacun, l'altérité :

« S'il n'y a aucune difficulté à voir en l'autre notre opposé, puisque c'est précisément ce que nous voulons qu'il soit, pour la même raison il nous devient presque impossible de comprendre que c'est justement ce qu'il n'est pas [...]. Que l'autre, en d'autres termes, nous ressemble toujours beaucoup plus que nous ne l'imaginons, voilà ce que, par nécessité, nous ne sommes ordinairement pas capables d'admettre. Reconnaître cela, en effet, priverait l'autre de sa vertu négative, de sa fonction portante. Il ne pourrait plus être lesté de ce que nous rejetons sur lui et que nous refusons de voir en nous. Il deviendrait égal à nous-mêmes, inutilisable équivalent. Nous savoir semblables à ce que nous réprouvons, ce serait reconnaître la vérité dont nous ne supportons pas d'être blessés : " Ce qui me dérange chez les autres, c'est moi " (Sloterdijk) » (Hentsch, 1993, p. 19).

ALTERNANCE

◆ Sur la scène politique, lorsque le pouvoir passe d'un parti à un autre, quitte à revenir plus tard au premier. Situation particulièrement courante dans les systèmes politiques où domine le bipartisme.

Dans certaines organisations (syndicats, **partis**, etc.), on peut faire de l'alternance un principe absolu, incontournable : les statuts et règlements prévoient alors l'obligation, pour un élu, de quitter son poste après un nombre déterminé d'années ou de **mandats**.

Ce principe se vérifie également sous d'autres formes. Exemples : alternance d'un anglophone et d'un francophone au poste de **gouverneur général** depuis 1952, alternance d'un homme et d'une femme au microphone dans les assemblées délibérantes de certaines organisations, etc.

ALTERNATIVE

◆ Au sens strict : situation offrant deux options. Ainsi, être placé devant une alternative signifie que l'on a à choisir entre deux possibilités.

◆ À partir du XXᵉ siècle, sous l'influence de l'anglais, le terme alternative a pris en français un sens supplémentaire, celui de « solution de rechange ». C'est le cas dans les usages suivants : l'écologisme recherche une alternative au **productivisme** ; le Rassemblement pour une alternative progressiste (RAP) est un parti politique ; Alternative : une **ONG** pour un monde différent.

AMENDEMENT

◆ Modification apportée au contenu d'une **motion**, d'une **loi**, d'un **règlement** ou d'une proposition.

AMNISTIE

◆ Prérogative des autorités publiques qui permet l'annulation officielle d'une condamnation. Pardon légal.

ANARCHIE

Ce terme peut avoir deux sens complètement opposés.

◆ Selon certains, c'est là un synonyme de confusion, de désordre, voire de chaos, qui serait le résultat d'une absence d'autorité ou encore la conséquence de l'impuissance des pouvoirs publics à faire respecter la loi et l'ordre. Situation découlant de la disparition ou de la destruction de l'État, dans un pays donné.

◆ Pour d'autres, les anarchistes, il s'agirait tout au contraire d'un « état sociétaire harmonieux résultant naturellement de la suppression de tout appareil gouvernemental » (Proudhon, dans Grawitz, 1994, p. 17).

⇨ ANARCHISME.

ANARCHISME

◆ **Théorie** et mouvement **révolutionnaires** nés au XIXᵉ siècle. Proches des mouvements ouvrier et socialiste, opposés à toute forme d'**oppression** sociale et à toute autorité pouvant contraindre la liberté des individus, les théoriciens anarchistes comme Proudhon (1809-1865) et Bakounine (1814-1876) proposaient une nouvelle société, sans État ou gouvernement et sans droit à la propriété privée, fondée sur l'union libre d'associations autogestionnaires et où règnerait une harmonie naturelle.

⇨ ANARCHIE ET LIBERTAIRE.

ANTAGONISME

◆ État d'opposition entre deux forces, deux principes, ou encore deux tendances.

⇨ CONFLIT.

ANTISÉMITISME

◆ Haine à l'égard des Juifs. « Sémite » désigne des peuples de l'Asie occidentale ayant en commun des langues ou dialectes semblables, dits « sémitiques » : Juifs, Arabes...

Ce sentiment raciste a connu son apogée à l'occasion de la Deuxième Guerre mondiale, quand l'Allemagne nazie orchestra l'**Holocauste** et se rendit responsable – avec ses alliés – de la mort d'environ six millions de Juifs.

⇨ RACISME, XÉNOPHOBIE.

APARTHEID

◆ Mot d'origine **afrikaner**, qui signifie développement séparé des races. Système **raciste** mis en place par la communauté blanche d'Afrique du Sud, minoritaire, et visant à assurer sa domination sur les populations non blanches du pays, majoritaires. Bien que la mise en œuvre de politiques de ségrégation raciale dans ce pays remonte au moins au XIXᵉ siècle, on situe habituellement la naissance formelle du régime de l'apartheid en 1948, date de l'arrivée au pouvoir du National Party, son principal artisan.

Les principaux piliers juridiques sur lesquels a reposé le système de ségrégation raciale, au XXᵉ siècle, sont le *Natives Land Act* (1913), qui confisquait aux autochtones 87 % du territoire sud-africain, ne leur laissant le droit de jouir que de l'équivalent de 13 % de la superficie du pays, le *Population Registration Act* (1950), qui classifie toutes les personnes selon leur race et leur groupe ethnique, et le *Group Areas Act* (1949), qui assigne aux non-Blancs une zone de résidence bien précise.

L'apartheid a officiellement pris fin en 1994, date de l'accession au pouvoir du Congrès national africain (ANC) dirigé par Nelson Mandela, à la suite d'élections libres et démocratiques.

APATRIDE

◆ Qui est sans patrie. Qui a perdu sa **nationalité**. Cette éventualité peut se présenter lors de la disparition d'un **État** ou dans d'autres circonstances dramatiques. Exemple : la création unilatérale de l'État d'Israël en 1948 a créé d'un seul coup plusieurs centaines de milliers de Palestiniens apatrides. Autre possibilité : un individu n'est admissible à aucune nationalité, tant en vertu des lois de l'État dans lequel il est né que de celles de tout autre État vers lequel il voudrait se tourner pour revendiquer sa nationalité.

APEC

◆ *Asia Pacific Economic Cooperation*. Organisation régionale réunissant une vingtaine de pays situés sur trois continents (Amérique, Asie, Océanie) et dont le territoire donne – dans la plupart des cas – sur l'océan Pacifique. La grande majorité d'entre eux sont soit des pays développés (Australie, Canada, États-Unis, Japon, Nouvelle-Zélande), soit de **nouveaux pays industrialisés** (Chili, Chine, Corée du Sud, Fédération de Malaisie, Mexique, Singapour, Taïwan, Thaïlande). Le but de l'APEC est de développer les échanges économiques entre ses membres et, éventuellement, de créer d'ici 2020 une zone de libre-échange couvrant la région.

APPARATCHIK

◆ Mot russe qui servait à désigner, jusqu'en 1991, un membre de l'appareil de direction du régime, c'est-à-dire une personne qui contrôlait, avec d'autres, le Parti communiste d'Union soviétique et, par le fait même, l'État soviétique. Par extension, est employé encore aujourd'hui pour désigner, dans d'autres pays, des personnes qui, parmi la classe politique ou dans les organisations, occupent depuis longtemps un poste important.

APPEL NOMINAL

⇨ VOTE PAR APPEL NOMINAL.

ARISTOCRATIE

◆ Du grec *aristoi*, les meilleurs et *kratos*, gouvernement. Dans l'Antiquité, ce terme pouvait désigner soit un groupe prééminent de la société, une **élite**, détenant entre autres le pouvoir politique, soit un **régime** politique où le pouvoir était contrôlé, généralement sur une base héréditaire, par un nombre restreint de personnes (par opposition à la monarchie, gouvernement par un seul et à la démocratie, gouvernement par l'ensemble du peuple).

En France, sous l'Ancien Régime, le même terme désignait un des trois groupes (dits aussi trois ordres) entre lesquels la société était juridiquement divisée, dont la **noblesse** (les deux autres étant le clergé et le **tiers état**).

⇨ OLIGARCHIE.

ARRÊTÉ

◆ En **régime parlementaire**, décision administrative ou réglementaire prise par un **ministre** (arrêté ministériel) ou par le **Conseil des ministres** (arrêté en Conseil).

ASILE

◆ Refuge accordé à un étranger. Plusieurs pays de la planète offrent l'asile à certains immigrants ou **réfugiés** ; cela consiste à les accueillir et à leur donner la possibilité de s'installer parce qu'ils sont victimes de persécution ou pourchassés dans leur pays d'origine.

◆ **Droit d'asile :** Selon *Le Petit Robert* : « **Immunité** en vertu de laquelle une autorité peut offrir l'accès d'un lieu à une personne poursuivie et l'interdire à ses poursuivants. »

ASSEMBLÉE CONSTITUANTE

◆ Synonyme : Constituante. Assemblée politique ayant pour tâche d'élaborer une **constitution**. En principe, une telle assemblée est conçue et organisée de telle sorte que tous les secteurs et toutes les tendances que l'on trouve au sein de l'**État** soient démocratiquement représentés.

ASSEMBLÉE LÉGISLATIVE

◆ Au sens large, désigne une **institution** titulaire du pouvoir **législatif**.

◆ De façon plus précise, l'expression peut aussi désigner une **chambre** spécifique ; c'est le cas pour six **provinces** canadiennes (*Legislative Assembly* en anglais), tout comme c'était le cas au Québec jusqu'en 1968, alors que la Chambre prit le nom d'**Assemblée nationale**.

ASSEMBLÉE NATIONALE

◆ Nom donné à l'**Assemblée législative** de certains **États**, à l'instar de la France révolutionnaire de 1789.

◆ Nom donné à la **chambre** du **Parlement** du Québec depuis 1968. L'Assemblée nationale du Québec est le siège des pouvoirs **législatif** et **exécutif**. Elle est composée de 125 **députés** représentant la population d'autant de **circonscriptions** électorales. Les députés, généralement des candidats représentant un **parti** politique, sont élus au **suffrage** universel direct au moyen d'un **mode de scrutin** majoritaire uninominal à un seul tour. C'est le **premier ministre** qui choisit la date des élections (générales ou partielles). Toutefois, la **Constitution** prévoit que le **mandat** de l'Assemblée nationale ne peut dépasser cinq ans. Institution politique d'importance capitale où, en principe, sont débattus, amendés et votés les projets de **loi**, et où le **gouvernement** doit répondre de la direction des affaires publiques.

On constate un déplacement des pouvoirs vers le **Conseil des ministres**, au point où d'aucuns parlent de crise du **régime**. Ce phénomène peut s'expliquer par le fait qu'au Québec, le **gouvernement** soit pratiquement toujours majoritaire, que les **députés** soient liés par la discipline de parti et que l'ascendant des **technocrates** sur la classe politique soit de plus en plus important.

AUTARCIE

◆ Synonyme : économie fermée. Situation d'un **État** qui se suffit absolument à lui-même et qui a donc complètement coupé ses échanges économiques avec l'extérieur. Depuis quelques siècles, cette éventualité semble relever de l'**utopie** : aucun État ne l'a parachevée durant les **Temps modernes**, même si plusieurs s'y sont essayé. Forme ultime du **protectionnisme**.

AUTOCHTONE

◆ Au sens large, qualifie tout ce qui est originaire du territoire dont on parle. Il peut s'agir, par exemple, d'espèces végétales ou animales ou encore de produits quelconques. Synonymes : local, régional, spécifique, etc. Dans un sens plus précis, des **peuples** ou **nations** autochtones sont originaires par voie ancestrale de la région qu'ils habitent et n'y sont donc pas venus par « immigration ». C'est le cas, par exemple, des Maoris en Nouvelle-Zélande, des Incas au Pérou ou encore des Montagnais au Québec. Synonymes, dans ce sens plus précis : **aborigène**, indigène.

Au Canada, l'article 35 de la **Loi constitutionnelle de 1982** confirme des droits existants aux peuples autochtones, notion qui « s'entend notamment des Indiens, des Inuits et des Métis du Canada » (Paul, 1981, p. 11).

AUTODÉTERMINATION

◆ Capacité de décider pour soi, d'adopter librement sa ligne de conduite. Aptitude d'un **acteur** à déterminer ce qui est souhaitable pour lui, à choisir parmi différentes options celle qui lui convient le mieux. Exemple : en vertu du droit des peuples à l'autodétermination, c'est aux Québécois qu'il appartient de décider s'ils veulent que le Québec devienne un État **souverain** ou qu'il continue de faire partie de la fédération canadienne.

AUTOGESTION

◆ Principe selon lequel l'ensemble des personnes concernées contrôle une entreprise ou une organisation. Par exemple, en appliquant ce principe dans un cégep, les étudiants, les employés et les enseignants contrôleraient directement ou par l'intermédiaire de représentants élus le fonctionnement, la gestion et la direction de l'institution. Pour une certaine tendance du mouvement socialiste, chez les anarchistes tels que Proudhon et Bakounine entre autres, comme pour une partie du mouvement syndical, le principe de l'autogestion a été perçu comme une troisième voie entre le **capitalisme**, où l'entreprise est sous le contrôle des propriétaires, et le **communisme**, lequel prône la centralisation des pouvoirs dans les mains de l'État.

L'autogestion se distingue de la cogestion, mode d'organisation permettant une administration conjointe de l'entreprise par les travailleurs et les propriétaires.

⇨ ANARCHISME, ÉCOLOGISME.

AUTONOMIE

◆ Capacité de décider et de fonctionner seul, de s'administrer soi-même. Souvent employé pour décrire la bonne distance séparant un acteur donné de l'**État** – ou encore un organisme public/parapublic du **gouvernement** au sens strict. Exemple : plusieurs personnes estiment que les « contrats de performance » du ministre de l'Éducation, François Legault, remettent en question l'autonomie dont jouissent les universités vis-à-vis du gouvernement.

À distinguer de l'**indépendance**, qui réfère à une séparation complète. Exemple : l'indépendance du système judiciaire vis-à-vis du pouvoir politique.

◆ En relations internationales, statut intermédiaire donné à une entité que l'on considère ni indépendante, ni complètement fondue dans l'État dont elle fait partie. Exemple : le Kosovo, république yougoslave autonome.

⇨ DÉCENTRALISATION.

AUTORITAIRE
◆ Au sens large, dominateur, intolérant, intransigeant.

◆ En **science politique,** qualifie un **régime** où les dirigeants ont tendance à contrôler le **pouvoir** sans partage. Il y a souvent **cooptation** (sous différentes formes), les décisions sont prises en cercle fermé et les dirigeants évitent de rendre compte à la **société civile.** Un tel type de régime a tendance à restreindre l'exercice des droits comme le droit à l'information (contrôle de l'information, secret ou censure) et à réprimer les libertés comme les libertés d'opinion, de presse, d'association, de manifestation, etc. Il y a donc forcément méfiance à l'égard du **pluralisme** politique, voire **intolérance** et, selon le cas, les dirigeants feront usage de la force et de la **coercition** pour maintenir leur pouvoir sur l'ensemble de la société.

⇨ ABSOLUTISME, DESPOTISME, DICTATURE ET TYRANNIE.

AUTORITÉ
◆ Selon le contexte, le terme peut désigner le fait ou le droit d'exercer un **pouvoir** (« La direction de l'école a l'autorité de… »), le statut attribué à une personne ou à une **institution** (« La direction représente l'autorité au sein de l'école… ») ou encore le ou les titulaires du pouvoir (« Les autorités de l'école, soit la direction, ont décidé… »). Au sens large, il peut s'agir de l'ascendant ou de l'influence d'un individu ou d'un groupe sur un autre. Plus ou moins synonyme de **pouvoir**, la notion d'autorité peut toutefois sous-entendre qu'il s'agit d'un type de relations empreintes d'une certaine **légitimité**, et donc basées sur des valeurs ou des règles acceptées.

AVANT-GARDE
◆ Individus ou groupes qui font office de précurseurs, c'est-à-dire qu'ils sont l'incarnation même du progrès, du plus récent développement, de l'ultime percée dans leur domaine d'activité (littérature, arts visuels, musique, science, idéologie, action sociale, etc.). Par son influence et son rayonnement, l'avant-garde est censée contribuer à l'avancement général de la pensée, de la création, de l'activité dans un secteur donné.

◆ Selon Lénine, au sein du parti (communiste), groupe d'individus qui ont les attributs nécessaires pour être la « conscience éclairée » de l'organisation et pour guider la classe ouvrière dans sa marche vers la prise du pouvoir politique, puis l'instauration du **socialisme**.

B

BACKBENCHER

◆ En **régime parlementaire** de type britannique, membre d'une **assemblée législative** qui n'occupe aucune autre fonction (**ministre**, adjoint parlementaire, leader parlementaire, etc.) que celle de **député**, et dont le siège est généralement situé à l'arrière de ceux qui sont attribués aux ministres ou aux dirigeants des partis de l'**opposition**. En français, on utilise parfois l'expression « député de l'arrière-banc » (ou de l'arrière-ban).

BÂILLON

◆ En **régime parlementaire** de type britannique, mesure qui permet au **gouvernement** de suspendre les règles et procédures de l'**Assemblée législative**, et donc de museler l'**opposition** en limitant radicalement le temps d'intervention alloué aux **groupes parlementaires** pour débattre d'un ou de plusieurs projets de **loi**. Synonymes : guillotine, clôture.

BALANCE COMMERCIALE

◆ La balance commerciale d'un pays indique la différence entre la valeur de ses exportations de marchandises et la valeur de ses importations de marchandises, pour une période donnée. Si, par exemple, la somme des stocks (en $) qu'il vend à l'étranger est supérieure à la somme des stocks qu'il achète aux autres pays, le solde de la balance commerciale est positif. À l'inverse, la balance est déficitaire si la valeur des biens importés dépasse celle des biens exportés.

BALANCE DES PAIEMENTS

◆ La balance des paiements fait le compte de toutes les opérations économiques (flux) d'un pays avec l'étranger, au cours de la période
étudiée. Font partie de ce compte la **balance commerciale** ainsi que
le solde des opérations sur les services, de même que les transferts,
la balance des capitaux, etc.

BALANCE DU POUVOIR

◆ Expression qui décrit une situation propre au **régime parlementaire**,
situation qui se produit quand aucun des grands partis politiques ne
contrôle la majorité absolue des **sièges** à l'Assemblée législative et
quand un parti politique, généralement de moindre importance,
contrôle un nombre suffisant de sièges pour permettre à l'un des
grands partis d'atteindre cette majorité. Le choix d'alliance ou de
coalition de ce **tiers parti** déterminera lequel des grands partis exer-
cera le pouvoir.

BANQUE MONDIALE

⇨ BIRD.

BICAMÉRALISME (OU BICAMÉRISME)

◆ Caractéristique de certains **parlements** composés de deux **chambres**.
C'est le cas, entre autres, du Parlement canadien (**Chambre des communes** et **Sénat**), du Congrès des États-Unis d'Amérique (Chambre
des représentants et chambre du Sénat) ou de l'Assemblée législative
de Russie (Conseil de la fédération et Douma).

BIDONVILLE

◆ « Agglomération d'abris de fortune » (*Le Petit Robert*) à la périphérie
de certaines villes. Conséquence d'une urbanisation rapide et non
contrôlée, ce phénomène atteint des proportions très importantes
dans les pays du **tiers-monde**. Des dizaines, voire des centaines de
milliers de personnes, installées illégalement et sans travail régulier,
y vivent dans des conditions insalubres : sans eau courante, ni élec-
tricité, sans système de récupération des déchets. Les favelas de Rio,

au Brésil, les *saranguays* de Manille, aux Philippines, ou encore les *bustees* à Calcutta (Inde) sont parmi les exemples qui ont été les plus médiatisés.

BIEN COMMUN

◆ Notion à laquelle plusieurs **discours** politiques font référence. Il serait sans doute plus juste de mettre l'expression au pluriel, car à partir des valeurs et des finalités qui les définissent, plusieurs conceptions du bien commun sont possibles.

Pour sa part, Ricardo Petrella en donne la définition, résolument **progressiste**, qui suit : « L'objet du bien commun est la *richesse commune*, à savoir l'ensemble des principes, des règles, des institutions et des moyens qui permettent de promouvoir et de garantir l'existence de tous les membres d'une communauté humaine. Sur le plan immatériel, l'un des éléments du bien commun est constitué par le triptyque reconnaissance-respect-tolérance dans les relations avec l'autre. Sur le plan matériel, le bien commun se structure autour du droit à l'*accès juste* pour tous à l'alimentation, au logement, à l'énergie, à l'éducation, à la santé, à l'information, à la démocratie et à l'expression artistique » (Petrella, 1998, p. 13).

Par ailleurs, le bien commun peut être conçu de telle sorte qu'il justifie l'intolérance ou le recours à des mesures de **répression** et d'austérité. Dans ce sens, il peut être associé, par exemple, à la pureté de la race ou encore à l'**intégrisme** religieux, au maintien de l'ordre et de la loi, voire à l'équilibre financier des budgets de l'État. Équivalent dans ce cas : « les intérêts supérieurs de la nation ».

BILATÉRAL

◆ Qui implique deux **acteurs**, deux parties. En relations internationales, relatif à deux gouvernements, deux **États**. Exemple : Durant la crise de l'avion espion américain abattu par la défense chinoise au printemps 2001, plusieurs s'interrogeaient sur les conséquences de l'événement quant à l'avenir des relations bilatérales entre Washington et Pékin.

BILINGUISME

◆ Au Canada, l'**Acte de l'Amérique du Nord britannique** de 1867 reconnaît l'anglais et le français comme les deux langues officielles de certaines **institutions** fédérales et québécoises. En 1969, à la suite du rapport de la Commission royale d'enquête sur le bilinguisme et le biculturalisme, le gouvernement fédéral de Pierre Elliott Trudeau fait adopter la Loi sur les langues officielles. Cette loi, qui établit l'égalité du français et de l'anglais au Canada, prévoit un train de mesures visant à favoriser l'usage des deux langues dans l'ensemble de l'**administration publique** fédérale (désignation de postes officiellement bilingues, programmes d'enseignement, primes, nomination d'un commissaire, etc.). Au plan provincial, cette même loi veut favoriser l'enseignement de la langue officielle qui y est minoritaire (le cas du français au Manitoba, par exemple) et l'accès, pour la minorité officielle (les anglophones du Québec, par exemple), à des services dans sa langue.

Si le bilinguisme a pu connaître certains succès au niveau fédéral à cette époque (augmentation des services fédéraux offerts en français, du nombre de fonctionnaires francophones, etc.), dans les provinces, les résistances au bilinguisme ont été nombreuses. Pourtant, aujourd'hui, certaines provinces admettent de fait le bilinguisme dans leurs services publics et en proclament l'existence dans certains de leurs textes de loi. On pense principalement à l'Ontario, au Québec et au Nouveau-Brunswick.

⇨ MULTICULTURALISME.

BIPARTISME

◆ Au XXe siècle, situation caractéristique de certains pays occidentaux démocratiques où deux grands partis dominent la vie politique et occupent la scène parlementaire. Bien que des **tiers partis** puissent exister, ils demeurent marginaux sur le plan électoral et, dans les faits, seulement les deux plus grands partis sont susceptibles de parvenir au pouvoir. Généralement, on constate une alternance (plus ou moins régulière), dans l'exercice du pouvoir, de ces deux grands partis. C'est le cas aux États-Unis (Partis démocrate et républicain), au Québec (Partis libéral et québécois), en Grande-Bretagne (Partis conservateur et travailliste) et pratiquement dans tous les pays qui utilisent le **mode de scrutin** majoritaire uninominal à un seul tour.

⇨ MULTIPARTISME ET PARTI UNIQUE.

BIPOLARITÉ

◆ À partir des lendemains de la Deuxième Guerre mondiale, l'expression « un monde bipolaire » désigne la situation où les rapports entre tous les pays du globe sont déterminés par l'affrontement des deux **superpuissances** (États-Unis et URSS) et de leurs alliés respectifs. Selon cette façon de voir, le globe est divisé en deux grands blocs, aux systèmes économiques, politiques et idéologiques opposés et incompatibles. Cependant, avec la fin de la **guerre froide** qui a vu la chute du communisme en Europe de l'Est (1989-1990) et l'effondrement de l'Union soviétique (1991), ce concept de bipolarité perd de son utilité au profit de ceux d'**unipolarité** et de **multipolarité**.

BIRD

◆ La Banque internationale pour la reconstruction et le développement, aussi connue sous le nom de Banque mondiale, est une organisation internationale dont le but est de stimuler la croissance économique des pays du **tiers-monde** en finançant des projets spécifiques, censés mettre les pays aidés « sur les rails du **développement** » (voir ce terme). Cette aide peut prendre la forme de prêts à long terme à des taux préférentiels, d'assistance technique, d'offre d'expertise dans la gestion de projets, etc. Depuis une quinzaine d'années, une partie des prêts accordés par la Banque s'inscrit dans la mise en œuvre de programmes d'**ajustement structurel**.

La BIRD a été créée en même temps que le **FMI**. Les États qu'elle regroupe, qui doivent tous être membres du FMI, souscrivent un capital en proportion de leur puissance économique. Leur droit de regard sur la gestion et le fonctionnement de la Banque – de même que leur droit de vote – est proportionnel au capital investi. À partir de ce capital, la Banque peut emprunter sur les marchés financiers ; les montants ainsi drainés permettent à la Banque d'investir dans des projets de développement des pays du Sud. Avant de consentir son « aide », la Banque s'assure de la haute rentabilité des projets en question.

⇨ CENTRE, NÉOCOLONIALISME, ORGANISATION INTERGOUVERNEMENTALE.

BLOCUS

◆ Dans le cadre d'un **conflit** entre deux pays ou plusieurs pays : action coercitive à la disposition d'un **État** qui veut en soumettre un autre en lui bloquant totalement l'accès à l'extérieur de ses frontières (que ce soit par la mer, par les airs ou par voie terrestre).

⇨ SANCTIONS INTERNATIONALES.

BOLCHEVIK

◆ Mot russe signifiant « majoritaire ». Désigne la tendance la plus radicale issue de la scission du Parti ouvrier social-démocrate russe (POSDR) en 1903, tendance dirigée par Lénine et qui est à l'origine de la révolution d'Octobre en 1917 et de la création du Parti communiste d'Union soviétique.

Au fil du temps, le mot est devenu, en Occident, plus ou moins synonyme de **communiste** (bolchévique). Plusieurs emploient ce terme avec un ton méprisant pour pointer du doigt ceux qui expriment des convictions communistes.

BOURGEOISIE

◆ De façon courante, qualifie une catégorie sociale au niveau de vie relativement élevé et de tendance conservatrice, prônant des valeurs de bien-être matériel, de responsabilité individuelle, de respect de l'ordre, etc. Aujourd'hui, pour parler de la bourgeoisie, on emploie les expressions « gens d'affaires », « milieu des affaires », « entrepreneurs », « chefs d'entreprises », « investisseurs », « créateurs d'emplois », etc.

Plus précisément, il s'agit d'une **classe sociale** qui, à l'origine, au Moyen Âge, se distingue de la **noblesse** et de la paysannerie ; habitant les bourgs, les bourgeois y tiennent commerce. Cette classe va dominer les **Temps modernes**.

Dans une **économie de marché**, elle détient la propriété du capital ; il peut s'agir d'une bourgeoisie marchande (à l'origine), industrielle ou financière, selon le mode dominant d'accumulation : commerce, production industrielle ou spéculation financière.

Sur le plan politique, opposée à la **noblesse** et au clergé, elle joue un rôle déterminant au moment des grandes révolutions libérales (1688, 1776, 1789, etc.) dont elle prône les idéaux de liberté individuelle, d'égalité devant la loi, de démocratie parlementaire, etc.

Pour Marx, à partir du XIXe siècle, la bourgeoisie industrielle, propriétaire des **moyens de production**, accapare la **plus-value** et est donc responsable de l'exploitation et de l'**aliénation** de la classe ouvrière.

⇨ TIERS ÉTAT.

BOYCOTT

◆ Sanction infligée à une entreprise ou à un **État** et qui consiste à refuser d'acheter les produits ou d'utiliser les services de l'entreprise en cause ou en provenance de l'État ciblé. Lorsqu'il est exercé par un grand nombre d'individus ou d'États, devient une mise en quarantaine collective. Exemple : boycott des produits israéliens par les États arabes, dans le cadre de leur riposte au **sionisme**.

BUREAUCRATIE
◆ Ensemble des employés de bureau d'une **administration publique** ou privée.

◆ **Système politique** dans lequel l'administration exerce un **pouvoir** très important. De connotation péjorative, le terme « bureaucratie » est généralement synonyme d'un appareil administratif démesuré et inefficace, lequel, dans le pire des cas, conduit à des abus de pouvoir de la part de l'administration.

C

CABINET
◆ En **régime parlementaire** de type britannique, le Cabinet (ou Cabinet des ministres) est composé du **premier ministre**, qui en est le chef, et de l'ensemble des **ministres**. Tout en étant composé de membres du Parlement, le Cabinet exerce le pouvoir **exécutif** et constitue ce que l'on appelle le **gouvernement** : il propose les grandes orientations législatives (et donc les projets de loi), est responsable de la mise en œuvre des lois (il contrôle la fonction publique et administre le budget de l'État) et de la gestion des affaires publiques. La nomination des ministres, leurs responsabilités respectives et leur nombre (entre 20 et 40) sont déterminés par le premier ministre. Synonymes : Comité exécutif et Conseil des ministres.
⇨ GOUVERNEMENT, POUVOIR EXÉCUTIF, RESPONSABILITÉ MINISTÉRIELLE.

CAEM
⇨ COMECON.

CAPITALISME
◆ Système économique des **Temps modernes** dont les caractéristiques principales sont la propriété privée des moyens de production et l'accumulation du capital. Le capitalisme a connu diverses phases de développement, soit mercantile, industriel et financier, l'accumulation du capital pouvant être basée principalement sur le commerce, la production industrielle ou encore, plus récemment, sur la spéculation

financière. Idéalement, le capitalisme se fonde sur une **économie de marché pure**, l'entreprise privée, la libre concurrence et donc la non-intervention de l'État.

⇨ **LIBÉRALISME ÉCONOMIQUE.**

◆ Dans l'analyse marxiste, le développement de l'économie capitaliste conduit à la domination économique, sociale et politique de la **bourgeoisie** (la classe des capitalistes, propriétaire des moyens de production et du capital), sur le **prolétariat** (la classe ouvrière qui, par son travail, produit le capital).

Toujours selon cette analyse, cette domination s'ajoute à d'autres contradictions inhérentes au capitalisme : crises économiques cycliques dues à l'absence de planification, inégalités économiques et sociales grandissantes, violence des révoltes et de la **répression** ou guerres pour le partage du monde.

⇨ **PLUS-VALUE, MODE DE PRODUCTION** ET **MATÉRIALISME HISTORIQUE.**

CATCH-ALL PARTY

◆ Modèle dominant de **parti** en Amérique du Nord et dans certains pays d'Europe de l'Ouest. En effet, dans maintes démocraties occidentales, les partis qui prétendent vraiment à l'exercice du pouvoir politique à court ou à moyen terme sont des coalitions vastes, souples et volatiles d'intérêts et de segments de la population, dont les membres arrivent à s'entendre sur quelques points rassembleurs et dont les dirigeants évitent de se prononcer clairement sur des questions délicates. Une telle **stratégie** permet de ménager les susceptibilités de l'électorat dont les intérêts sont diversifiés et les préoccupations, précises. Donc, l'**électorat** et même les membres des *catch-all parties* sont généralement assez hétérogènes, tant au plan sociologique qu'à celui des opinions. L'influence extraordinaire exercée par les médias électroniques sur l'organisation des campagnes électorales, sur le message électoral et sur les qualités recherchées chez les candidats a fait progressivement du *catch-all party* la recette gagnante dans notre **système politique** (Canada et Québec), par exemple.

CAUCUS

◆ Anglicisme d'origine algonquienne qui, en politique, désigne l'ensemble des **députés** d'un parti politique. Les réunions du caucus permettent aux députés d'un parti d'échanger des points de vue et de débattre d'orientations politiques, de projets de loi déposés à l'Assemblée législative ou encore de stratégies électorales ou parlementaires. Par extension, il peut s'agir de réunions de membres d'une tendance (radicale, nationaliste, ultra-conservatrice) au sein d'un parti.

CEI

◆ La Communauté des États indépendants (CEI) est une organisation régionale créée peu de temps après la dissolution de l'URSS, soit en décembre 1991. Elle regroupe aujourd'hui 12 anciennes républiques soviétiques : la Biélorussie, la Russie et l'Ukraine (les trois membres fondateurs), l'Arménie, l'Azerbaïdjan, la Géorgie, le Kazakstan, le Kirghizstan, l'Ouzbékistan, la Moldavie, le Tadjikistan et le Turkménistan.

La principale raison d'être de la CEI est de permettre aux États membres de coordonner leurs politiques, entre autres, dans les domaines touchant les relations étrangères, la défense, l'économie, les finances, le transport et les communications. À l'image du caractère très décentralisé de cette organisation, le pouvoir y est exercé, en dernière instance, par le Conseil des chefs d'État, chacune des républiques membres voulant préserver sa souveraineté politique nouvellement acquise. Parallèlement à l'existence de la Communauté, signalons la conclusion d'accords bilatéraux distincts entre les États membres, notamment entre la Russie et chacun des 11 autres pays.

CENTRALISATION

◆ Sur les plans politique ou administratif, réunion des divers pouvoirs (de décision, de contrôle, etc.) en un centre unique. Ce peut être une personne, une institution, un lieu, comme une capitale ou une région, etc.

⇨ DÉCENTRALISATION, DÉCONCENTRATION.

CENTRALISME DÉMOCRATIQUE

◆ Mode d'organisation – voire culture organisationnelle – d'un parti, d'un mouvement, d'un groupe politique. Le centralisme démocratique a été mis en œuvre dans plusieurs partis ou organisations communistes dans le monde, sous l'influence de Lénine notamment, d'après l'expérience vécue par les **bolcheviks** en Russie (jusqu'en 1917) et en URSS (par la suite). Les organisations qui ont adopté cette façon de fonctionner se battaient le plus souvent contre un régime **autoritaire** et étaient donc plongées dans la clandestinité. Le centralisme démocratique prévoit la discussion parmi les membres des positions et actions du parti ou du mouvement, et impose aux membres de nombreuses règles de sécurité. En fait, il prépare ce parti en mouvement à rester unitaire et à devenir efficace dans un contexte de **guerre civile**, de **lutte de libération nationale** ou de **révolution**.

CENTRE / PÉRIPHÉRIE

◆ Selon l'approche adoptée en **relations internationales** par les théoriciens dits « de la **dépendance** », on peut voir la planète comme étant divisée essentiellement en deux grandes zones : le centre, qui regroupe les pays riches industrialisés, et la périphérie, c'est-à-dire les économies du **tiers-monde** qui gravitent autour du centre. La zone névralgique, le centre, est l'endroit où se décident les grandes orientations économiques, où se dictent les règles du jeu en matière d'échanges mondiaux, et d'où sont contrôlées des institutions comme le **FMI**, la **BIRD**, l'**OMC**, etc. Cet ordre des choses, qui profite aux pays du centre, place les pays de la périphérie dans une situation de **dépendance** et de subordination.

⇨ DÉTÉRIORATION DES TERMES DE L'ÉCHANGE, NORD / SUD, NÉOCOLONIALISME.

CHAMBRE

◆ Assemblée détenant un pouvoir **législatif**.

CHAMBRE DES COMMUNES

◆ Dénomination de l'**Assemblée législative** de certains **États**, à l'exemple de la Grande-Bretagne où cette chambre existe depuis 1265.

◆ Nom de la **Chambre** basse du **Parlement** canadien. Elle est composée de 301 **députés** représentant la population d'autant de **circonscriptions** électorales fédérales (103 en Ontario, 75 au Québec, 34 en Colombie-Britannique, etc.). Les députés, généralement des candidats représentants de partis politiques fédéraux, sont élus au **suffrage** universel direct au moyen d'un **mode de scrutin** majoritaire uninominal à un seul tour. C'est le **premier ministre** qui choisit la date des élections (générales ou partielles). Toutefois, la **Constitution** prévoit que le **mandat** de la Chambre des communes ne peut dépasser cinq ans. La Chambre des communes, où siège le **gouvernement**, partage le pouvoir **législatif** avec le **Sénat**.

CHARIA
◆ Dans la religion musulmane, code moral et juridique précisant les comportements qui sont autorisés ou proscrits. Désigne aussi les sanctions pouvant s'appliquer en cas de conduite fautive.

Dans le monde **musulman**, la plupart des **intégristes** religieux veulent que la charia soit enchâssée par l'État dans le système de droit public et devienne une loi qui s'applique à tout le monde, sans exception. Ils y sont parvenus dans une large mesure en Iran, en Afghanistan et au Soudan. Les individus qui soutiennent ce projet sont des **islamistes** radicaux et à ce jour, là où ils ont réussi à s'emparer du pouvoir, le régime instauré a été la **théocratie**.

CHARISME
◆ Pouvoir de persuasion hors du commun que possèdent certains chefs ou leaders leur permettant de convaincre et d'imposer leurs points de vue, idées ou décisions. Émanant de « talents » personnels ou de prédispositions, le charisme est aussi le résultat de la maîtrise, plus ou moins spontanée, de certaines techniques psychologiques et de communication de masse.

CHARTE
◆ Document officiel, d'importance particulière, qui définit les principes de base, les règles de fonctionnement et/ou les orientations politiques fondamentales d'une organisation. C'est le cas, par exemple, pour l'**ONU** (Charte des Nations Unies signée à San Francisco en 1945 par les représentants de 51 pays), tout comme pour certaines associations étudiantes de niveau collégial ou universitaire.

◆ Au plan national, le terme peut être synonyme de **Constitution** (Chine 1982, Algérie 1976, etc.). D'autre part, le terme peut aussi désigner certaines **lois** prééminentes. On pense à la **Charte canadienne des droits et libertés** de 1982 (enchâssée dans la Constitution) ou encore à la Charte de la langue française du Québec, mise en place par la **loi 101** en 1977.

CHARTE CANADIENNE DES DROITS ET LIBERTÉS

◆ Document charnière de l'actuelle Constitution canadienne, plat de résistance de la **Loi constitutionnelle de 1982**, la Charte canadienne des droits et libertés répond, dans notre paysage juridique, à la nécessité de garantir la protection des droits fondamentaux des personnes vivant au Canada, en inscrivant formellement ces droits dans la **Constitution** du pays.

Cette charte préserve une série de libertés essentielles, comme la liberté d'expression, la liberté de la presse, la liberté d'opinion, la liberté de pensée, la liberté de croyance et la liberté d'association. Elle protège aussi le droit à la vie, le droit à la sécurité, le droit à la libre circulation à l'intérieur du pays, le droit de vote et une série de droits judiciaires (assistance d'un avocat, présomption d'innocence, etc.). Enfin, la Charte interdit clairement la **discrimination** (fondée sur le sexe, la race, la couleur, l'origine ethnique, la religion, l'âge ou le handicap) et autorise de manière explicite les programmes d'accès à l'égalité.

Par ailleurs, la Charte prévoit les circonstances dans lesquelles un parlement peut restreindre la portée des droits et libertés qu'elle protège (en l'occurrence, par une loi) ou encore y déroger expressément (dans ce cas, par le recours à la clause nonobstant ou **clause dérogatoire**).

Depuis son arrivée, la Charte a servi de fondement à des jugements déterminants rendus par la Cour suprême du Canada en matière d'avortement, de droits linguistiques des anglophones (au Québec), de droits linguistiques des francophones (hors Québec), etc. Cependant, plusieurs observateurs ont constaté, depuis 1982, une forte tendance à s'appuyer sur la Charte pour régler devant les tribunaux des questions et débats qui relèvent, avant tout, du politique. On a même employé l'expression « gouvernement par les juges » pour désigner cette réalité.

CHARTE DE LA LANGUE FRANÇAISE

⇨ LOI 101.

CHAUVINISME

◆ Du nom de Nicolas Chauvin, soldat français sous Napoléon, passé à l'histoire à cause de son **patriotisme** simpliste et exagéré. Il s'agit d'une forme de **nationalisme** excessif et vindicatif qui tend par conséquent à l'exclusion, à l'intolérance et à l'agression.

Le **féminisme** a repris l'expression pour qualifier les croyances et les attitudes fondées sur l'idée de la supériorité des mâles, ce qui conduit à l'exclusion et à la domination des femmes. Dans cette perspective, le « mâle chauvin » est donc l'équivalent du **phallocrate** ou du macho.

Le terme est également employé pour parler, de manière générale, de toute forme d'orgueil, de fierté mal placée, de complexe de supériorité. Ainsi, on dit « un Montréalais chauvin », « un Blanc chauvin », etc.

CHECKS AND BALANCE

◆ La traduction habituelle de cette notion américaine est : système de freins et de contrepoids. Il s'agit d'une application concrète, et très raffinée, de l'exigence d'équilibre des pouvoirs avancée par Locke et Montesquieu. Cette mécanique s'est développée dans le cadre du régime présidentiel des États-Unis et traduit une profonde méfiance des citoyens américains à l'égard de l'État et de ses éventuels abus. Ce système de freins et de contrepoids, qui fonctionne en régime de **séparation des pouvoirs**, habilite chacun des trois pouvoirs (**exécutif**, **législatif** et **judiciaire**) à combattre les débordements, les empiétements des deux autres. Les pouvoirs sont constamment placés en concurrence et leur interaction perpétuelle garantit que, au fil du temps, aucun d'eux ne vaincra, aucun d'eux n'aura le dernier mot. Une telle concurrence favorise la discussion, les négociations, les compromis, de telle sorte qu'en définitive, il est rare que le résultat favorise largement un parti, un acteur, un camp, au détriment d'un autre.

Parmi les mécanismes qui s'inscrivent sous cette rubrique dans le système présidentiel des États-Unis, mentionnons : le droit du président d'opposer son *veto* à toute loi votée par le Congrès, la possibilité pour le Congrès de renverser – à certaines conditions – ce même *veto*, la nomination conjointe des juges à la Cour suprême par le président et le Sénat, la possibilité pour le Congrès d'entamer une procédure de destitution du président, etc.

Ce système est pratiquement à l'opposé de ce qui prévaut au Canada, où le parti élu avec une majorité de députés en chambre est en situation de *winner take all* pour les quatre ou cinq années qui suivent, puisqu'il contrôle à la fois l'exécutif et le législatif.

CHEF DE GOUVERNEMENT

◆ Personne qui dirige le **gouvernement** et qui est l'ultime responsable de la direction politique de l'**État**. Le mode de désignation du chef de gouvernement, de même que l'étendue de ses pouvoirs et prérogatives varient selon la nature du **régime politique**.

◆ Au Canada, que ce soit au niveau fédéral ou provincial, il s'agit du **premier ministre**, en principe, nommé par le **chef de l'État** (le **gouverneur général** ou le **lieutenant-gouverneur**), mais dans les faits, le titre est attribué au chef du **parti** politique qui a obtenu la majorité des sièges à l'**Assemblée législative** au moment des élections générales.

CHEF D'ÉTAT

◆ Terme générique pouvant désigner la personne placée à la tête d'un **État** ou la fonction correspondante. Le titre de chef d'État peut être obtenu par élection, par nomination (généralement par une assemblée législative) ou par voie héréditaire.

Les fonctions du chef d'État peuvent être purement symboliques et protocolaires. C'est le cas des **monarchies** constitutionnelles comme le Royaume-Uni, le Canada, la Suède ou le Japon par exemple, où une reine, un roi ou encore un empereur sont chefs d'État. C'est aussi le cas des présidents de certaines **républiques** comme l'Allemagne, l'Irlande ou la Grèce. Dans d'autres cas, au contraire, les fonctions du chef de l'État sont très importantes sur le plan politique. Dans un **régime présidentiel** de type américain, par exemple, le chef de l'État cumule aussi les fonctions de chef de gouvernement.

CIRCONSCRIPTION ÉLECTORALE

◆ Division du territoire à l'intérieur d'un **État** ou d'une municipalité qui délimite les cadres géographique, démographique et souvent sociologique dans lesquels auront lieu des élections (générales ou partielles). Au Québec, on utilise couramment, et à tort, l'expression « comté » ou encore « district ». L'ensemble des circonscriptions constitue la « carte électorale ».

CITÉ

◆ Au sens strict, synonyme de ville, donc d'une agglomération urbaine importante. Historiquement, les cités de l'Antiquité (Persépolis, Babylone, Alexandrie, etc.) furent les premières villes ; parmi celles-ci, à une certaine époque, Athènes puis Rome se doteront d'une organisation relativement complexe tendant vers un certain idéal démocratique, au contraire des villes dirigées par des **despotes** ou des **oligarchies**.

Les cités de l'Antiquité sont une des premières manifestations importantes du phénomène politique dans l'histoire de l'humanité. Dotées d'une **souveraineté** politique, elles préfigurent, sur une petite échelle, l'État moderne. Les cités seront l'objet d'études et de réflexions (Thucydide, Platon, Aristote, Cicéron, etc.) qui donneront naissance à la **science politique**.

⇨ POLIS.

CITOYEN

◆ Le citoyen est une personne qui, dans un pays donné, jouit de tous ses droits politiques. Il s'agit au départ du droit inaliénable de vivre, de subvenir à ses besoins et de circuler dans le pays en question, mais aussi du droit de se mêler des affaires de la **Cité**. Bien entendu, le fait qu'une personne use de son droit de vote est l'expression la plus manifeste de sa qualité de citoyen.

Mais être citoyen est beaucoup plus que faire une croix sur un bulletin de vote. Être citoyen, c'est exprimer son appartenance à la communauté des êtres humains au sein de laquelle on vit, c'est s'identifier à celle-ci et chercher avec elle à améliorer le sort de la cité. Pour être en mesure de jouer ce rôle, le citoyen doit s'acquitter de certaines obligations : se tenir informé, avoir des convictions et les faire valoir, faire preuve de sens critique et participer à la vie publique (débats, assemblées, manifestations, etc.).

CITOYENNETÉ

◆ Reconnaissance formelle de la qualité ou du statut de **citoyen**.

La citoyenneté est un privilège octroyé par l'État aux individus. D'un pays à l'autre, les conditions pour bénéficier du titre de citoyen varient énormément. Le Canada est l'un des États les plus libéraux du monde en cette matière. Par exemple, toute personne née en sol canadien a droit immédiatement à la citoyenneté canadienne. La politique canadienne d'immigration favorise également un accès

assez rapide à la citoyenneté : après trois ans de résidence permanente, un immigrant reçu peut en faire la demande et l'obtient généralement sans difficulté. Outre les résidants permanents, les personnes
vivant au Canada qui n'ont pas la citoyenneté canadienne sont : les
immigrants en attente de la régularisation de leur statut, les étudiants étrangers, les ressortissants étrangers (diplomates et gens
d'affaires, touristes), etc.

◆ Appartenance d'un individu à l'État dont il est le citoyen. Une personne ayant perdu un tel lien d'appartenance devient **apatride** et
doit chercher une nouvelle citoyenneté, auprès d'un autre pays.
⇨ NATIONALITÉ.

CLASSE POLITIQUE
◆ Dans une société donnée, groupe de personnes qui ont la responsabilité de la chose publique et qui sont directement impliquées dans
la gouverne de l'État. Plus ou moins synonyme de **politiciens**,
l'expression peut, selon le point de vue, ne pas en avoir la connotation péjorative.

CLASSES SOCIALES
◆ Il s'agit de vastes groupes sociaux partageant certaines caractéristiques qui leur sont propres, sans toutefois être pour autant organisés
ou institutionnalisés. En **science politique**, tout comme en sociologie ou en histoire par exemple, les références à cette réalité sont fré-
quentes. Par contre, les conceptions de cette notion varient considé-
rablement selon le contexte historique et les approches théoriques.

Parmi les caractéristiques qui peuvent permettre de définir les
classes sociales, on peut considérer, par exemple, le niveau de vie ou
le revenu ; on parlera alors de classes riches ou privilégiées, de
classes moyennes et de classes pauvres ou déshéritées. On peut
aussi considérer le statut professionnel : classe paysanne, ouvrière,
ou encore la classe des technocrates. Sur un plan politique, on parlera de classes dominantes ou dirigeantes et de classes dominées.

D'un point de vue marxiste, les classes sociales sont des **acteurs**
politiques de toute première importance. Dans ce cas précis, les classes
sociales, leurs intérêts et le rôle qu'elles jouent dans l'histoire sont
déterminés par la place qu'elles occupent dans un **mode de production** économique donné. Ainsi, dans une société esclavagiste les
deux classes principales sont celle des maîtres et celle des esclaves.

Dans une société féodale, il s'agira de la classe des propriétaires fonciers et de la classe paysanne. Enfin, dans une économie **capitaliste** de type industriel, on trouve la **bourgeoisie** et le prolétariat urbain.

Des analyses contemporaines reprennent d'une certaine façon la théorie marxiste des classes sociales. L'idéologie **écologiste** constate l'existence de la classe **technocratique** – qui contrôle l'information spécialisée, laquelle est devenue essentielle au développement des sociétés actuelles – et la classe des « citoyens programmés ». Un courant de l'idéologie féministe reprend lui aussi la théorie marxiste de la lutte des classes pour l'appliquer cette fois à la lutte des sexes (la lutte entre la classe des hommes et la classe des femmes).

Clause dérogatoire

◆ Au Canada, il s'agit de l'article 33 de la **Loi constitutionnelle de 1982**, qui porte sur l'application de la **Charte canadienne des droits et libertés**. Cette clause permet au Parlement fédéral ou à l'Assemblée législative d'une province d'adopter une loi qui déroge à certains articles de cette même charte. Ainsi, la Loi québécoise sur l'affichage extérieur (loi 178) pouvant aller à l'encontre du droit à la liberté d'expression (article 2 de la Charte), le gouvernement de Robert Bourassa avait dû faire usage de la clause dérogatoire. Le recours à cette clause doit être voté sous forme de loi, par une assemblée législative, et est valide pour une période de cinq ans et renouvelable. Synonyme : clause nonobstant.

Clientélisme

◆ Rapport de dépendance entre les gouvernés et les gouvernants, dans lequel ceux qui exercent les charges publiques fondent leur autorité sur certaines faveurs consenties à leurs sujets. Ces faveurs, qui achètent l'allégeance politique des gouvernés, peuvent être de divers ordres et provenir de l'État : rente, emploi, avancement, terre, accès au logement, exemption de tout ordre, protection, piston, etc. Puisque chacun trouve son compte dans ces relations intéressées, le clientélisme peut être érigé en système politique. Cela est particulièrement observable dans les sociétés traditionnelles, où l'exercice de l'autorité ne repose pas sur la **démocratie** libérale ni sur l'**État de droit**. Toutefois, les limites d'un tel système apparaissent assez rapidement : création d'une myriade de micro-pouvoirs, arbitraire, incapacité pour l'État de développer un discours univoque et une action centralisée, etc. Encore aujourd'hui, dans les sociétés occidentales développées, de nombreux politiciens tentent de bâtir leur influence en misant sur cette forme de paternalisme.

COALITION

◆ Union ou entente plus ou moins formelle qui réunit, à l'échelle inter-nationale, des **puissances**, ou à l'échelle nationale, des **partis politi-ques**, en fonction d'objectifs ou d'intérêts communs.

◆ Au plan des partis politiques, il peut s'agir de coalition électorale, parlementaire ou gouvernementale. En **régime parlementaire** où il y a **multipartisme** (Espagne, Israël, Italie, etc.), un gouvernement de coalition regroupe, au sein d'un même conseil ou cabinet, des minis-tres provenant de différents partis.

⇨ ALLIANCE.

CODE CIVIL

◆ Le Code civil regroupe l'ensemble des règles de droit régissant le droit commun (par rapport à des codes de lois plus spécifiques, comme le Code du travail). Y sont précisés les droits et obligations des citoyens dans leurs rapports entre eux (contrats, héritages, res-ponsabilité civile, etc.). Contrairement aux autres provinces cana-diennes, où une partie de la **Common law** joue un rôle équivalent, le Québec dispose d'un code civil distinct, d'origine française. Reconnu constitutionnellement depuis l'**Acte de Québec**, en 1774, le Code civil du Québec, bien que remis à jour, est toujours en vigueur.

COERCITION

◆ Rapport ou **pouvoir** basé sur la contrainte et l'usage de la force.

⇨ OPPRESSION.

COLONIE

◆ Territoire situé à l'extérieur des frontières d'un État, sur lequel cet État exerce néanmoins sa souveraineté (sur le sol, les ressources et les sujets, etc.). La colonie, dominée par la **métropole**, existe pour le bénéfice de celle-ci, qu'il soit d'ordre économique ou stratégique.

La métropole et la totalité de ses colonies forment ensemble l'**Empire** colonial. Le dernier empire colonial qui existait encore récemment (c'est-à-dire jusque dans les années 70) est celui du Portu-gal, qui comprenait : l'Angola, le Cap-Vert, la Guinée-Bissau et le Mozambique (en Afrique), ainsi que Macao, Goa et Timor (en Asie).

COLONISATION

◆ Processus par lequel un État s'approprie un territoire situé à l'extérieur de ses frontières, afin de mettre en valeur et d'accaparer ses richesses et d'en faire un marché pour ses propres produits. La colonisation est un acte d'agression et de conquête, perpétré à l'initiative des puissances coloniales, au détriment des populations autochtones qui possédaient légitimement ces territoires. En Europe, la période dite d'expansion coloniale a impliqué, à partir du XVIᵉ siècle et sous l'impulsion du **mercantilisme**, des pays comme le Portugal, l'Espagne, la Hollande, l'Angleterre, la France, etc., et leurs **colonies** américaines, africaines et asiatiques.
On distingue habituellement deux formes de colonisation :

- la colonisation de peuplement, qui implique des « petits colons » (planteurs, fermiers ou autres) qui exploitent eux-mêmes le sol et finissent par former – de génération en génération et immigration aidant – un contingent important de la population totale du territoire conquis ;
- la colonisation d'exploitation, impliquant de « gros colons », peu nombreux, qui s'emploient à faire travailler les autochtones pour extraire les ressources naturelles et les expédier à la **métropole**.

⇨ DÉCOLONISATION.

COMECON

◆ Conseil d'assistance économique mutuelle. Organisation économique régionale créée en 1949 qui regroupait, jusqu'à la fin de la **guerre froide**, la plupart des pays communistes d'Europe de l'Est ainsi que Cuba, la Mongolie et le Viêtnam. Elle se voulait une sorte de pendant soviétique au plan Marshall proposé par les États-Unis au lendemain de la Seconde Guerre mondiale. Elle est devenue peu à peu une zone de libre-échange pour États communistes, puis s'est dissoute en 1991.

COMITÉ EXÉCUTIF

⇨ CABINET.

COMMISSION PARLEMENTAIRE

◆ En **régime parlementaire** de type britannique, les commissions parlementaires sont formées d'un certain nombre de députés, représentant de façon proportionelle les groupes parlementaires ou partis politiques présents à l'Assemblée législative. Après l'adoption du principe d'un projet de loi par l'Assemblée législative (la « deuxième lecture ») et, au besoin, la tâche d'une commission parlementaire consiste à étudier en détail le projet de loi, éventuellement à tenir des audiences publiques, à proposer et à adopter des amendements et à faire rapport à l'Assemblée législative. Sur la base de ce rapport, l'Assemblée législative procédera au débat final et à l'adoption du projet de loi (la « troisième lecture »).

Lorsqu'il y a audiences publiques, les nombreux **acteurs** politiques concernés par une question examinée en commission parlementaire sont invités à y soumettre un mémoire, grâce auquel ils font savoir, par écrit, leurs réactions.

COMMISSION ROYALE D'ENQUÊTE

◆ Au Canada, il s'agit d'un **organisme gouvernemental** créé pour faire enquête et rapport sur un problème d'intérêt public. Dirigées par des commissaires (nommés par le **gouvernement** et dont les noms seront souvent, par la suite, associés à celui de la commission elle-même), dotées de budget et d'équipes de recherche et de secrétariat, les commissions d'enquête (parfois itinérantes) tiennent généralement des audiences publiques et reçoivent donc des mémoires et écoutent les doléances, opinions et propositions des **acteurs** politiques interpellés par le problème. En créant une commission d'enquête, le gouvernement reconnaît l'importance d'un problème et s'engage, en quelque sorte, à agir. De plus, de telles commissions stimulent la réflexion et les débats politiques au sein de la **Cité**. Les propositions d'orientations politiques et les plans d'actions contenus dans le rapport final peuvent se traduire, en tout ou en partie, par des politiques gouvernementales, voire des projets de loi. Dans le cas contraire, on dira que le rapport a été « mis sur les tablettes ».

À titre d'exemples, mentionnons la Commission royale sur les peuples autochtones, dite commission Dussault-Erasmus (1991-1996), dont le rapport final proposait entre autres la création d'un ordre de gouvernement autochtone ; la Commission royale sur l'union économique et les perspectives d'avenir du Canada, dite commission McDonald (1982-1985), dont le rapport final était favorable au **libre-échange** avec les États-Unis ; ou encore la Commission royale d'enquête sur le **bilinguisme** et le biculturalisme au Canada, dite commission Laurendeau-Dunton (1963-1967), dont le rapport final allait conduire à l'adoption de la loi fédérale sur les langues officielles et fouetter l'ardeur du mouvement souverainiste au Québec. Il est à noter que le qualificatif « royale » ne fait que souligner l'importance et augmenter le prestige de la commission à laquelle il est accordé, sans plus.

COMMISSION SCOLAIRE
◆ Au Canada, il s'agit d'un quatrième ordre de **gouvernement** (après le fédéral, le provincial et le municipal). Puisque l'**Acte de l'Amérique du Nord britannique** de 1867 prévoit que l'éducation est un champ de **compétence** provincial, le Québec, à l'instar des autres **provinces**, a créé des commissions scolaires auxquelles il a délégué une partie de ses pouvoirs. Celles-ci sont dirigées par un conseil des commissaires, dont les membres (élus au **suffrage** universel à tous les quatre ans) ont un pouvoir de **réglementation** et de taxation (l'impôt foncier scolaire contribue à leur budget dans une proportion de 15 %). Elles sont responsables d'organiser et d'offrir, sur leur territoire, les services éducatifs de niveaux préscolaire, primaire et secondaire. Jusqu'en 1998, elles étaient organisées sur une base confessionnelle. À cette date, le gouvernement du Québec faisait adopter la loi 109 qui refondait les commissions scolaires à partir du critère linguistique. Depuis, le Québec compte 63 commissions scolaires francophones et neuf anglophones.

COMMON LAW
◆ La *Common law* est le droit commun des pays anglo-saxons où la jurisprudence (jugement donnant une solution à une question de droit) tient lieu et fonction de règles de droit. C'est le cas, par exemple, dans toutes les provinces canadiennes, exception faite du Québec. Certains auteurs proposent le concept « droit coutumier » pour traduire cette expression.

COMMONWEALTH
◆ Organisation regroupant une cinquantaine de pays, à savoir la presque totalité des anciennes colonies et dépendances de l'Empire britannique. Le Royaume-Uni, le Canada, l'Australie et la Nouvelle-Zélande figurent parmi les pays les plus connus du Commonwealth, dont

l'immense majorité des membres vient pourtant du tiers-monde (Jamaïque, Inde, Pakistan, Malaisie, Kenya, Nigéria, Ouganda, Tanzanie, Zambie, etc.).

Le Canada a joué un rôle actif, politiquement et financièrement, dans les dossiers prioritaires du Commonwealth : protestations contre le régime raciste de l'Afrique du Sud (apartheid), coopération technique, assistance économique aux partenaires du Sud, etc.

COMMUNAUTÉ DES CROYANTS

◆ Ensemble des personnes de même confession religieuse, unies par leur profession de foi et un certain nombre de valeurs communes. Cette unité fait abstraction des frontières politiques créées par les **États**. Exemple : l'*Umma* est la communauté formée de tous les **musulmans**, peu importe où ceux-ci se trouvent dans le monde.

COMMUNAUTÉ INTERNATIONALE

◆ **Acteur** virtuel créé par les médias et fiction **diplomatique** traduisant une perspective simplificatrice des relations internationales : les gouvernements des 193 États de la planète se concerteraient, tous ensemble, de façon systématique, et arriveraient régulièrement à des consensus sur des sujets qui – pourtant – les divisent profondément.

Dans les faits, cette soi-disant communauté internationale est plutôt le cartel des quelques grandes puissances mondiales qui siègent au Conseil de sécurité de l'**ONU** à titre de membres permanents. Étant donné l'**hégémonie** qu'elles exercent sur l'ONU à travers le Conseil de sécurité, l'observateur a souvent tendance à confondre l'intérêt général des 193 pays de la planète avec les intérêts particuliers de ces cinq pays : les États-Unis, le Royaume-Uni, la France, la Russie et la Chine. Pourtant, ces deux sortes d'intérêts divergent le plus souvent. Pour s'en convaincre, il suffit de constater à quel point il est rare que la volonté de l'Assemblée générale de l'ONU se traduise concrètement par une décision de la soi-disant communauté internationale.

Dans certaines circonstances, d'autres puissances mondiales, grandes ou moyennes, participeront aux prises de position de la « communauté internationale » : l'Allemagne, le Japon, l'Italie, le Canada, etc. Il s'agit donc d'un cercle d'États assez restreint. Dans le pire des cas, la communauté internationale est une feuille de vigne, un paravent fort commode pour les États-Unis et leurs alliés dans leurs efforts pour préserver l'ordre capitaliste actuel.

⇨ NOUVEL ORDRE MONDIAL.

COMMUNISME

◆ Au sens large, qualifie diverses théories économiques et sociales (allant de Platon à Mao Zedong au XXᵉ siècle) fondées sur l'égalitarisme et où la propriété privée est remplacée par la propriété collective.

Dans la **théorie** de Karl Marx, le terme prend une signification plus précise : faisant suite à la lutte des classes, au renversement du capitalisme et à l'instauration du socialisme, il s'agit de la dernière étape de l'histoire de l'humanité, caractérisée par l'abondance de biens matériels, l'absence de classes sociales et d'État (c'est-à-dire de tout appareil répressif).

Au début du XXᵉ siècle, dans la foulée de la révolution d'Octobre, le communisme désigne la tendance **révolutionnaire** du mouvement socialiste (partis, organisations, militants, etc.) qui se distingue des autres tendances (social-démocrate, **réformiste**, etc.). Les communistes prônent donc un projet révolutionnaire sous la direction d'un parti unique (le Parti communiste), l'abolition de la propriété des moyens de production et le développement planifié des forces productives en fonction des besoins sociaux.

Au-delà des espoirs suscités, les régimes communistes qui se sont mis en place au XXᵉ siècle ont conduit au développement d'un appareil d'État omnipotent, à la suppression des droits démocratiques, voire au **despotisme** et, tôt ou tard, à une paralysie de la **société civile**.

⇨ SOCIALISME RÉVOLUTIONNAIRE.

COMPÉTENCE LÉGISLATIVE

◆ **Pouvoir** d'intervention d'une **autorité** politique.

◆ Secteur d'activité (telles l'économie, la défense nationale, les relations extérieures, l'éducation, la santé publique, etc.) qui, en vertu d'un **droit**, est sous l'autorité d'un **gouvernement**. Dans une **confédération** d'États ou dans un **État fédéral**, le partage des compétences législatives entre les deux paliers de gouvernement est une donnée politique d'importance capitale et fait souvent l'objet de débats fondamentaux puisque ce partage détermine, en bonne partie, la **souveraineté** et l'**autonomie** de l'État central et des États membres. Au Canada, le partage des compétences législatives est prévu, en partie, dans l'**Acte de l'Amérique du Nord britannique (1867)** et dans la **Loi constitutionnelle de 1982**. De plus, il est au centre des débats et des négociations constitutionnelles (**Accord du lac Meech**, rapport Allaire, **Accord de Charlottetown**, etc.). Synonymes : responsabilité législative, champ de juridiction (ou champ de compétence), domaine législatif ou tout simplement pouvoir législatif.

CONFÉDÉRATION

◆ Au sens large, il s'agit d'une union qui regroupe de façon formelle des entités autonomes. Par exemple, il existe de nombreuses confédérations d'associations syndicales, professionnelles ou même sportives.

De façon plus précise, il peut s'agir d'une « association d'États indépendants ayant délégué par traité l'exercice de certaines compétences à des organes communs » (Grawitz, 1994, p. 80) ou confédéraux (parlements, conseils, tribunaux...). Chacun des États membres ou confédérés conserve sa **souveraineté** et a un droit de retrait. Dans ce sens, contrairement à la **fédération** d'États, la confédération ou l'union de type confédéral ne constitue pas un État à proprement parler.

À titre d'exemples du principe confédératif, on peut mentionner l'**Union européenne** (UE) qui regroupe maintenant 15 États d'Europe occidentale ou encore, la Communauté des États indépendants (CEI) qui regroupe 12 États qui, avant 1991, étaient membres de l'URSS.

Il est à noter que malgré son titre de « confédération », le Canada étant constitué de 10 **provinces** et de 3 **territoires** qui ne sont pas des États souverains, il est donc dans les faits un État fédéral et non une confédération d'États.

CONFLIT

◆ Rivalité, opposition ou affrontement pouvant aller de la simple controverse jusqu'au rapport de force. Il peut s'agir, par exemple, d'un débat ou d'une polémique entre individus, ou encore d'une **guerre civile** ou internationale. Objet d'étude important en sciences humaines, le conflit occupe une place centrale en **science politique** où sont étudiés des conflits « **politiques** » (soit des luttes pour prendre et/ou conserver le **pouvoir**), mais aussi des conflits d'intérêts (des luttes pour des avantages économiques) et des conflits de valeurs ou d'idées (des luttes idéologiques).

Selon certaines écoles de pensée, le conflit peut être un facteur d'équilibre (en permettant d'éviter la domination d'une seule tendance ou d'un seul groupe). Selon d'autres **théories**, le conflit est une force qui favorise le changement, l'évolution, voire le progrès (les groupes qui sont dominés renversant ceux qui sont dominants).

⇨ ANTAGONISME.

CONQUÊTE (1760)

◆ Depuis 1754, le « Canada » est impliqué dans la guerre de Sept Ans, qui oppose en Europe, entre autres, l'Angleterre et la métropole française. Le 13 septembre 1759, en moins de 20 minutes, Montcalm perd la bataille des plaines d'Abraham. C'est la chute de la ville de Québec. Montréal capitule le 9 septembre 1760. Avec la fin de la guerre en Europe et la signature du traité de Paris en 1763, la France cède son **empire** en Amérique du Nord. Ces événements marquent la fin de la Nouvelle-France et le début du régime anglais au Canada.

Cette « conquête » donnera lieu à plusieurs interprétations. Dans les années 1950-1960, des historiens nationalistes (Frégault, Brunet, Séguin) voient dans la Conquête une cassure brutale : les fonctionnaires et commerçants anglais prennent le contrôle de la **colonie** et déclassent l'**élite** canadienne-française composée de seigneurs et de marchands canadiens-français[1]. Selon ces historiens, les Canadiens français deviennent des citoyens de seconde zone, éliminés du commerce et du pouvoir, minoritaires et dépendants. Sur le terrain politique, la seule solution à cette dépendance économique et sociale est donc l'indépendance politique... redevenir « Maîtres chez nous », selon le slogan de la **Révolution tranquille** repris par le Parti québécois, sous René Lévesque.

Pour d'autres historiens, comme Hamelin et Ouellet, la Conquête n'aurait pas entraîné de changements majeurs : l'économie basée sur la fourrure et l'agriculture devient plus prospère, et si les seigneurs sont les grands perdants, le peuple voit ses conditions de vie s'améliorer. Quant à la bourgeoisie marchande canadienne-française, elle était selon eux presque inexistante. De plus, le régime britannique, parlementaire et plutôt « libéral », représentait un progrès par rapport au régime français, monarchique et autoritaire. Sur le plan politique, cette interprétation peut se traduire par le désir d'émancipation du Canada français dans une perspective d'ouverture, dépassant ainsi la question nationale. P. E. Trudeau, qui conviait les Canadiens français à prendre leur place au sein d'un Canada qu'il voulait respectueux des deux langues, représente bien ce courant de pensée.

Indépendamment des interprétations ou des positions politiques qui en ressortent, la Conquête de 1760 marque le début de la cohabitation entre deux **nations**, avec les avantages et les difficultés que cela peut impliquer. D'autre part, la Conquête de 1760 laisse en suspens la question des droits des communautés autochtones.

CONSEIL DES MINISTRES

⇨ CABINET.

---

1. Collaborant avec les nouveaux dirigeants, l'Église catholique se retrouve au sommet de la pyramide sociale du Canada français et pourra jouer un rôle de toute première importance dans l'histoire du Canada français pendant plus de 200 ans.

CONSENSUS

◆ Accord entre toutes, ou quasiment toutes, les parties impliquées, sans qu'il soit vérifié formellement par un vote.

CONSENSUS MOU

◆ «Synonyme de démission générale devant les responsabilités par conformisme et par lâcheté. [...] Refus d'assumer des convictions» (Denquin, 1997, p. 53).

◆ Contrairement à un consensus solide, il s'agit d'une entente fragile où toutes les parties ont fait nombre de compromis.

CONSENSUS SOCIAL

◆ Adhésion d'une forte majorité de la population à une position de principe, une idée, une cause, un projet. Exemple : il y a un large consensus, au Canada, selon lequel la violence faite aux femmes est inacceptable et qu'elle doit être sévèrement punie.

◆ L'emploi de l'expression peut relever de la **démagogie** lorsqu'il sert à convaincre les citoyens de la popularité d'une idée ou du bien-fondé d'une affirmation, sans pour autant que cette popularité ou ce bien-fondé ne soient avérés.

CONSERVATISME

◆ Le conservatisme moderne est une **idéologie** qui s'est développée notamment en réaction à la Révolution française. Les conservateurs critiquent les révolutionnaires pour leur foi en la raison, dans le progrès et la souveraineté populaire. Ils sont partisans de la nature et doutent énormément des capacités de l'être humain à transformer la société, à éliminer les inégalités ou même à accomplir des projets ambitieux à travers l'État. Ils considèrent donc que la nature humaine a un potentiel limité. Dans leur credo, on retrouve : le respect des lois, la propriété privée, Dieu.

De manière plus large, le conservatisme désigne, chez un individu ou un groupe, son réflexe systématique pour le *statu quo*, sa tendance à refuser le changement social, économique ou politique.

On retrouve dans ce courant les points de vue et les valeurs qui sont liés aux intérêts de groupes privilégiés et / ou de classes dominantes.

⇨ **DROITE, RÉACTIONNAIRE.**

CONSTITUANTE

⇨ **ASSEMBLÉE CONSTITUANTE.**

CONSTITUTION

◆ Consacrant la volonté des citoyens de constituer un État, équivalent d'un « contrat social », selon l'expression de Jean-Jacques Rousseau, il s'agit de la **loi** « suprême » d'un pays. Tous les **acteurs** politiques doivent en respecter les préceptes et aucune autre loi ne pourrait la transgresser.

Généralement, il s'agit d'un document juridique (bien que les traditions puissent avoir force de conventions constitutionnelles, comme c'est le cas au Canada, par exemple) où sont précisés les principes et les idéaux qui ont présidé à la création de l'État, de même que l'organisation et le mode de fonctionnement des pouvoirs publics, qui sont eux-mêmes soumis à cette loi fondamentale.

CONVENTION

◆ Entente ou accord entre deux parties ou davantage. Synonymes : accord, **traité**, pacte, protocole.

◆ Le terme peut aussi désigner, plus spécifiquement, certains types d'assemblée ou de réunion. C'est le cas d'assemblées réunies dans le but d'élaborer une **constitution** (Convention de Philadelphie en 1787, la Convention nationale en France en 1792, par exemple) ou, aux États-Unis, de réunions tenues à l'intérieur des partis politiques en vue de désigner leur candidat aux élections présidentielles (équivalent des « congrès » tenus par les **partis** politiques canadiens et québécois).

COOPTATION

◆ Action de coopter, c'est-à-dire – pour les membres d'une assemblée, d'un groupe – d'admettre en leur sein un nouveau membre de leur choix, sans passer par des règles plus démocratiques (qui consisteraient, par exemple, à ouvrir publiquement le poste, faire une consultation large, organiser des élections impliquant un plus grand nombre de personnes, etc.).

CORPORATISME

◆ Dans un **groupe de pression** (syndicat, association étudiante, etc.), tendance à faire de la protection des intérêts des membres la seule raison d'être de son action, au mépris d'intérêts plus larges que le groupe et ses membres pourraient partager avec d'autres segments de la société. Revient à considérer son groupe de pression comme une corporation, c'est-à-dire un ordre professionnel qui ne regroupe qu'une catégorie bien particulière d'individus, distincts (par leur métier, leur savoir, leurs compétences) des autres individus formant la société. Lorsqu'il existe un tel esprit de corps, que l'identification aux intérêts spécifiques du groupe est aussi exacerbée, les rapports avec les autres groupes de la société peuvent être marqués par l'ignorance, la compétition, la condescendance, etc.

◆ **Doctrine** développée en Italie avant la Seconde Guerre mondiale et étroitement associée au régime fasciste de Benito Mussolini. En vertu de cette doctrine, tous les individus formant la société doivent être regroupés en corporations, correspondant le plus souvent à leur métier, leur emploi du temps ou leur statut. Celles-ci doivent être à leur tour intégrées au parti et à l'État, qui agiront pour l'avancement de la **nation** en défendant les corporations et en s'appuyant sur celles-ci. Le corporatisme, qui fait jouer aux corporations un rôle fondamental dans l'organisation politique d'un pays, « a dérivé de certains aspects de la doctrine sociale de l'Église catholique à la fin du XIXe siècle » (Hermet, 1998, p. 66) et a eu de nombreux adeptes en Espagne, au Portugal, en France et au Québec durant la première moitié du XXe siècle.

COSMOPOLITISME

◆ Du grec *kosmos*, l'univers, le monde habité et *politês*, citoyen. Tendance politique voulant que l'on se considère citoyen du monde plutôt que citoyen d'un pays. Suppose une forte identification à l'échelon international, par opposition à l'échelon national. Peut impliquer un goût marqué pour le métissage culturel, c'est-à-dire le mélange des peuples, des communautés, des langues, etc.

Il arrive que le terme soit employé péjorativement, notamment par les **nationalistes**, pour désigner cette caractéristique chez les personnes qui sont à ce point tournées vers l'étranger qu'elles en oublient d'où elles viennent, renient leurs origines et perdent de vue leur identité sociale, leur appartenance à une nation.

COUP D'ÉTAT

◆ Action illégale consistant à s'emparer du pouvoir politique par l'usage de la force. Une telle prise du pouvoir est généralement exécutée par un groupe de soldats, de mercenaires ou de **guérilleros** rebelles, sans participation massive du reste de la population – ce qui le distingue des **révolutions** ou des soulèvements populaires. On emploie également les termes « putsch » et « pronunciamiento » en parlant de coup d'État.

COUVRE-FEU

◆ Mesure pouvant être adoptée par les autorités publiques interdisant la libre circulation des personnes à certaines heures et obligeant chacun à être chez soi (et à éteindre les lumières). Cette mesure sert à faciliter le travail des militaires ou de la police, une fois la nuit tombée. En principe, un couvre-feu est décrété dans des circonstances exceptionnelles menaçant l'ordre public : guerre, **insurrection**, émeute, etc.

⇨ ÉTAT D'URGENCE ET LOI MARTIALE.

CRÉANCIER

◆ Celui à qui l'on doit de l'argent. S'agissant de l'endettement d'un pays, peuvent être créanciers : des institutions internationales (**BIRD**, **FMI**, etc.), des gouvernements ou encore des agents privés (banques, épargnants, etc.).

⇨ DÉBITEUR, DETTE.

CRIME CONTRE L'HUMANITÉ

◆ Agression odieuse, violente et à large échelle perpétrée non pas contre un État, mais contre des populations civiles, au mépris du droit international : persécutions, **nettoyage ethnique**, assassinat, déportation, torture, etc.

⇨ GÉNOCIDE.

CRISE DES MISSILES

◆ Moment que plusieurs décrivent comme le plus intense de la **guerre froide**. Nous sommes en 1962 et l'URSS procède à l'installation de missiles nucléaires à Cuba, ce dont les États-Unis se rendent compte et qu'ils voudront à tout prix empêcher. Des négociations entre J. F. Kennedy et N. Khrouchtchev permettent d'éviter le pire : le déclenchement d'une troisième guerre mondiale, voire d'un **holocauste** nucléaire. Synonyme : Crise des fusées.

CRISE D'OCTOBRE (1970)

◆ Aussi appelée « Événements d'Octobre », situation particulièrement dramatique dans l'histoire du Québec, dont le caractère le plus spectaculaire s'observe durant le mois d'octobre 1970 (la crise s'étend au-delà toutefois) et qui tient dans la conjonction de divers facteurs : action terroriste, bien sûr, mais également montée des revendications sociales et ouvrières, flambée du **nationalisme** québécois, crise linguistique entre francophones et anglophones, de même qu'une certaine illégitimité des institutions politiques.

On situe généralement le début de la crise le 5 octobre 1970, avec l'enlèvement d'un diplomate britannique, James Richard Cross, par le Front de libération du Québec, qui exige contre sa remise en liberté la libération de détenus politiques (**felquistes**). À la suite de la décision prise par les gouvernements canadien et québécois de ne pas satisfaire aux demandes des ravisseurs de Cross, d'autres membres du **FLQ** procèdent cette fois à l'enlèvement du ministre du Travail au sein du gouvernement Bourassa, Pierre Laporte. Les autorités répondent par la force en proclamant la **Loi des mesures de guerre**. Pierre Laporte meurt peu après en captivité (17 octobre). Près de deux mois après son enlèvement, le diplomate britannique sera relâché en échange du départ pour Cuba (et la liberté...) de ses ravisseurs.

Durant la crise, des centaines de personnes sont arrêtées injustement. Les nationalistes, **intellectuels**, syndicalistes et progressistes sont particulièrement visés. Cette répression portera un très dur coup au mouvement nationaliste québécois, qui privilégiera systématiquement par la suite une action modérée et le **réformisme** comme moyens d'arriver à ses fins.

CULTURE POLITIQUE
◆ Acquis par un processus de socialisation, il s'agit de l'ensemble des croyances et des attitudes politiques d'un individu, d'un groupe ou d'une collectivité qui détermine, en partie, ses comportements politiques.

D

DÉBITEUR
◆ Celui qui doit de l'argent à quelqu'un. En **relations internationales**, on emploie souvent le terme «débiteurs» pour parler des pays endettés.

⇨ CRÉANCIER, DETTE.

DÉCENTRALISATION
◆ Mode d'organisation d'un **État** ou d'une **institution**, caractérisé par l'**autonomie** politique de certains territoires, de certaines collectivités ou de certains services par rapport au pouvoir central. Ces entités territoriales, humaines ou administratives ont un statut juridique qui leur est propre : **États**, **républiques**, régions, **provinces**, **territoires**, commissions, agences, etc. Elles sont aussi titulaires de pouvoirs **législatifs** ou réglementaires, de pouvoirs **exécutifs**, et éventuellement de pouvoirs **judiciaires**. Généralement, les autorités qui sont à la tête de ces entités sont élues et disposent d'un accès direct à des ressources financières (pouvoir de taxation). Mentionnons à titre d'exemple les États membres d'une **fédération** ou d'une **confédération**, ou encore les **municipalités** ou les **commissions scolaires** au Québec.

DÉCOLONISATION

◆ Processus par lequel la **métropole** se retire – de gré ou de force – d'une **colonie** qu'elle contrôlait, de manière à permettre son accession à l'**indépendance**. Répond le plus souvent aux aspirations du peuple habitant le territoire colonial, qui proclame son droit à l'autodétermination et affirme non seulement sa volonté, mais aussi sa capacité de se gouverner lui-même. La décolonisation peut être l'aboutissement d'une guerre d'indépendance (États-Unis, Haïti, Mexique, Angola, etc.) ou encore le résultat d'une négociation (Brésil, Canada, etc.).

Au lendemain de la Deuxième Guerre mondiale, le processus de décolonisation s'est accéléré, créant un grand nombre de pays souverains, particulièrement en Afrique et en Asie, et intensivement durant les années 1956-1962. Depuis 1945 et jusqu'aux années 80, il consacre l'émergence du **tiers-monde** comme acteur déterminant des relations internationales. On pense ici non seulement au mouvement des pays non alignés, mais aussi aux espoirs suscités par ce qui est vu, à l'époque, comme de nouveaux modèles de société.

Si elle consacre la souveraineté politique des nouveaux pays, la décolonisation ne permet toutefois pas aux jeunes États de connaître une totale indépendance économique et culturelle. En effet, la subordination aux intérêts de l'ex-métropole peut durer des décennies après la proclamation de l'indépendance.

⇨ NÉOCOLONIALISME, COLONISATION.

DÉCONCENTRATION

◆ Mode de gestion d'un **État**, d'une **institution**, d'une entreprise ou d'un service, caractérisé par une délégation des pouvoirs à des organismes ou à des agents régionaux ou locaux. Dans un tel cas, il est à noter que ces organismes ou agents restent soumis à l'autorité centrale (contrairement à la **décentralisation**). À titre d'exemple, un débat a cours depuis des années, au Québec, sur la déconcentration des pouvoirs en faveur des régions administratives (Gaspésie, Bas-Saint-Laurent, Saguenay – Lac-Saint-Jean, etc.). Le principe contraire à la déconcentration est la **centralisation**.

⇨ AUTONOMIE.

DÉCRET

◆ En régime parlementaire, décision prise directement par le **Conseil des ministres** (ou le **Cabinet**) en conformité avec une loi. Les décrets s'inscrivent dans le cadre général d'une loi et ont force de loi.

Expéditifs, les décrets peuvent s'avérer utiles dans les cas de situations d'urgence. En revanche, en court-circuitant les débats publics et parlementaires, les décrets ne sauraient tenir lieu de mode de gouvernement sans causer de graves préjudices à la **démocratie**.

DÉFICIT DÉMOCRATIQUE

◆ Formule lapidaire qui constitue une critique radicale de la tendance des autorités politiques (à tous les niveaux et tous partis confondus) à procéder à des choix qui engagent l'avenir des sociétés, sans respecter le processus démocratique. L'expression a été créée par des **acteurs** politiques **progressistes** dans le cadre du débat sur le « déficit zéro », les coupures dans les programmes sociaux et le démantèlement de l'**État providence**. Elle fut reprise par la suite dans le cadre du débat sur la libéralisation des marchés et la **mondialisation** de l'économie. Dans tous les cas, les **citoyens**, mais aussi parfois leurs représentants au sein des **assemblées législatives**, ne sont pas correctement informés des tenants et des aboutissants des orientations et des décisions prises par les **gouvernements**. Ces derniers ont tendance à considérer les intérêts et les avis des **technocrates**, des **firmes multinationales** et/ou des organisations économiques internationales au détriment des intérêts et avis des citoyens et de la population en général.

⇨ AUTORITAIRE.

DÉMAGOGIE

◆ Technique de manipulation de l'opinion, employée pour se gagner les faveurs du peuple. Attitude de certains **acteurs** politiques qui se basent sur des préjugés populaires et sur l'absence d'information de leurs interlocuteurs pour influencer leurs points de vue ou leurs comportements. Le terme étant très péjoratif, le fait de qualifier un acteur politique de « démagogue » constitue une critique radicale. Par extension, un **discours**, de la littérature peuvent être qualifiés de démagogiques.

⇨ DÉSINFORMATION, POPULISME.

DÉMOCRATIE

◆ Du grec *demos,* peuple et *kratos,* pouvoir. Principe selon lequel l'ensemble des **citoyens**, libres et égaux, exerce la **souveraineté** politique et contrôle le pouvoir. «Gouvernement du peuple, par le peuple, pour le peuple», selon l'expression du président américain Abraham Lincoln (1809-1865).

«Né dans la Grèce antique, le régime démocratique est aujourd'hui l'idéal vers lequel tendent la plupart des peuples. Mais le caractère absolu de cette notion rend difficile sa mise en pratique et explique que la plupart des régimes politiques qui s'en réclament n'en soient qu'une approximation» (Debbasch et Daudet, 1992, p. 142).

De façon générale toutefois, le terme désigne un régime politique où le **peuple** et donc l'ensemble des **acteurs** politiques choisissent, contrôlent et disposent des autorités. Celles-ci, interchangeables, sont responsables (doivent répondre de la gouverne de la Cité) et redevables (doivent rendre compte à la population, à tout le moins au moment des élections générales). Un tel régime n'est possible que sur la base de droits et libertés également répartis et garantis : droit à l'éducation et à l'information, droit de vote, libertés d'opinion, d'expression, de manifestation, d'association, de presse, etc. De plus, la démocratie exige que les **citoyens** se tiennent informés, qu'ils participent aux débats d'intérêt public et aux processus de prise de décision (consultation publique, commission d'enquête, **référendum**, élections, etc.), tout en faisant preuve d'une capacité d'écoute et de tolérance. Dans ce sens, la démocratie est généralement associée au **libéralisme politique** et au **pluralisme**. De façon plus précise, on parlera de démocratie directe, électorale, parlementaire, économique et sociale, etc.

⇨ DÉMOCRATIE LIBÉRALE, DÉMOCRATIE POPULAIRE, DÉMOCRATIE REPRÉSENTATIVE ET SOCIAL-DÉMOCRATIE.

DÉMOCRATIE LIBÉRALE

◆ Conception de la démocratie associée aux grandes **révolutions** des XVIIe et XVIIIe siècles (la Glorieuse Révolution de 1689 en Angleterre et les révolutions américaine et française de 1776, 1789) et basée sur les grands principes du **libéralisme** que sont la liberté individuelle et la propriété privée. La démocratie libérale est donc un amalgame. D'une part, la vie politique est régie par l'égalité juridique des citoyens, l'existence de droits et libertés individuels (généralement garantis par la **Constitution**), de même que par le parlementarisme et le **multipartisme**. D'autre part, l'économie, de type **capitaliste**, est basée sur le droit à la propriété privée, la libre concurrence, la non-intervention de l'**État**, et les inégalités économiques et sociales qui en découlent.

En **relations internationales**, à la suite de la Deuxième Guerre mondiale, ce modèle définissait grossièrement le monde occidental dit aussi « le monde libre ». L'effondrement des **démocraties populaires**, le recul de la **social-démocratie** et la remise en question de l'**État providence** font qu'actuellement, malgré ses contradictions, la démocratie de type libéral est un modèle dominant.

Démocratie populaire

◆ En **relations internationales**, désigne tout État d'Europe de l'Est qui, durant la **guerre froide**, avait un régime politique (**parti unique**) et un système économique semblables à ce qui prévalait en URSS. Sans avoir achevé leur transition vers le socialisme, ces États étaient tout de même résolument engagés dans cette voie. L'expression « démocratie populaire », proposée par les Soviétiques et leurs alliés, servait également des fins politiques : elle devait diffuser l'idée qu'à l'Est aussi on prétendait travailler à l'atteinte de la **démocratie** et que les régimes en place dans la **zone d'influence** de l'URSS traduisaient ce souci de remettre « le pouvoir au peuple ».

Démocratie représentative

◆ Conception ou type de **démocratie** qui met l'accent sur le fait que le **peuple** choisit des représentants qui ont le **mandat** d'exercer le pouvoir en son nom. La démocratie directe (où l'ensemble des **citoyens**, assemblés, se gouvernent eux-mêmes) n'est possible qu'à petite échelle, comme c'était le cas dans certains villages africains ou dans certaines **cités** grecques de l'Antiquité.

Démocratisation

◆ Projet politique associé au mouvement progressiste, consistant à élargir à l'ensemble de la population l'accès à des droits ou à des services. Par exemple, on parlera de la démocratisation de l'éducation, de l'accès aux soins de santé, etc.

◆ Au plan international, **discours** tenu par certains **acteurs** politiques comme **le Nord**, l'**OMC**, l'**OCDE**, etc., et qui favorise la mise en place de **régimes** politiques basés sur la **démocratie libérale** dans les pays du **Sud**, du **tiers-monde** et/ou dans les **États** qui étaient membres du bloc communiste. Peut aussi désigner ce processus de transition lui-même.

Dépendance

◆ S'emploie en **relations internationales** pour parler de la position d'un pays qui, plutôt que d'entretenir une relation égalitaire avec un autre, dépend de lui, lui est subordonné ou soumis d'une façon ou d'une autre.

Dans un sens plus précis, la « théorie de la dépendance » a été élaborée par des économistes pour expliquer la situation particulière dans laquelle se trouvent les pays du tiers-monde vis-à-vis de leurs partenaires économiques du **Nord**. Selon cette **théorie**, le sous-développement des pays du Sud est causé par la mainmise des économies du Nord sur les échanges commerciaux et les flux financiers internationaux. En effet, dans le cadre du système capitaliste mondial, « il ne peut y avoir de réel développement des pays du tiers-monde, car leur économie, échafaudée sur une conjoncture externe, donc non maîtrisable, et mouvante, n'a pas d'assise ni de cohérence interne solide » (Commission française Justice et Paix, 1990, p. 66).

Député

◆ En **régime parlementaire** de type britannique, le député représente la population de la **circonscription** électorale où il a obtenu la majorité des voix lors de la dernière élection. À ce titre, il exerce trois fonctions. Il doit d'abord servir d'intermédiaire entre les gens de sa circonscription (ses commettants) et l'État. Ensuite, comme membre du Parlement, il est législateur et donc il participe à l'étude, aux débats et aux votes des projets de loi. Enfin, toujours lors des **séances** du Parlement, il a le pouvoir de questionner les membres du **gouvernement**, obligeant ses derniers à rendre des comptes à l'opinion publique et joue ainsi un rôle de contrôleur. À Ottawa, l'assemblée qui réunit l'ensemble des députés se nomme la **Chambre des communes**. Au Québec, elle s'appelle l'**Assemblée nationale**.

DÉPUTÉ D'ARRIÈRE-BANC
⇨ BACKBENCHER.

DÉRÉGLEMENTATION
◆ Réduction ou suppression de la régulation et des interventions de l'**État** (sous forme de **lois**, de **règlements**, de normes, de mesures de contrôle, de services ou de programmes) dans le fonctionnement de l'économie et de la société. Conséquemment, la gouverne de l'économie et de la société échoit aux libres forces du marché, le rôle de l'État devant se limiter à créer un environnement favorable au développement de ce marché. Constitue l'un des préceptes du **néolibéralisme** avec, entre autres, la **privatisation**, la réduction des dépenses de l'État et la compétitivité.

DÉSINFORMATION
◆ Diffusion d'informations mensongères, trompeuses ou tendancieuses. Préméditée ou non, la désinformation a pour conséquence d'influencer l'opinion publique de façon abusive. L'importance sans cesse grandissante des médias de masse et leur rôle capital dans les sociétés modernes font que ce phénomène est l'objet de nombreuses analyses. C'est le cas notamment des choix éditoriaux de la presse écrite, tant dans la forme (choix concernant la une, la disposition des nouvelles, les photos publiées, etc.) que sur le fond (l'importance relative accordée aux différents événements, les thèmes abordés dans les éditoriaux, etc.). C'est le cas aussi des journaux télévisés (mise en scène, temps alloué aux nouvelles, usage d'images hors contexte, sensationnalisme, etc.).

DESPOTISME
◆ Dans les anciennes classifications des **régimes** politiques, par exemple, chez Montesquieu, au XVIIIe siècle, il s'agit d'une forme de gouvernement « corrompu » où une seule personne exerce les pouvoirs de façon arbitraire, en se basant sur l'**oppression** et la crainte.

⇨ ABSOLUTISME, DICTATURE ET TYRANNIE.

Détente

◆ Période qui s'étend, environ, du milieu des années 60 au milieu des années 70 et qui marque une éclaircie dans les tumultueuses relations Est/Ouest de la **guerre froide**. On observe une amélioration des rapports, qui autrement sont très tendus, entre les deux **superpuissances**. La Détente fut un moment propice à la négociation et à la conclusion de divers accords internationaux entre l'URSS et les États-Unis, notamment en ce qui a trait à la limitation des armements.

Détérioration des termes de l'échange

◆ Les « termes de l'échange » sont, pour un pays donné, le rapport existant entre l'indice des prix des produits importés et l'indice des prix des produits exportés. Si, pour une période donnée, la valeur totale des exportations d'un pays ne lui permet d'acheter qu'une partie des produits qu'il importait durant la période précédente, on dira qu'il y a eu détérioration des termes de l'échange.

Ce phénomène s'explique par l'évolution des prix sur les marchés internationaux. Depuis une cinquantaine d'années, on observe globalement une détérioration relative des cours des matières premières (autour desquelles s'organise l'économie de nombre de pays du **Sud**), cependant que les prix des produits transformés (provenant essentiellement du **Nord**) ne cessent d'augmenter.

En somme, pour arriver chaque année à importer les produits transformés dont elles ont besoin, les économies du **tiers-monde** doivent toujours extraire davantage de richesses naturelles (et consacrer d'autant plus d'heures de travail) destinées à l'exportation.

Dette extérieure

◆ La dette extérieure d'un pays, aussi appelée « dette externe », représente la totalité des dettes qu'il a contractées envers des **créanciers** situés à l'étranger. Pratiquement tous les pays de la planète, riches ou pauvres, ont une dette externe, l'endettement étant un instrument de développement économique avéré depuis fort longtemps. Toutefois, à cause d'une conjoncture économique internationale bien particulière, la dette extérieure des pays du tiers-monde a pris durant les années 70, 80 et 90 des proportions alarmantes – 2000 milliards de dollars en 1994 –, au point où l'on parle d'une crise de la dette des pays du Sud.

Les conséquences de ce phénomène sont terribles. « C'est le remboursement de la dette qui représente depuis des années la plus forte ponction des ressources des pays en développement. Durant les années 80, les États du Sud ont été globalement des exportateurs nets de capitaux vers leurs créanciers. Selon l'**OCDE**, les transferts nets venant du Sud auraient dépassé 400 milliards de dollars pendant cette décennie. [...] Malgré la décrue de leurs emprunts, les pays endettés ne sont pas pour autant libérés de leur fardeau. [...] Les prélèvements opérés sur leurs ressources pour honorer leurs échéances continueront donc de peser lourdement sur leurs économies » (*La Fin du tiers-monde*, 1996, p. 83).

⇨ AJUSTEMENT STRUCTUREL, SERVICE DE LA DETTE.

DÉVELOPPEMENT

◆ En **relations internationales**, concept ambigu qui peut désigner tantôt un état de fait (le degré d'avancement d'une société), tantôt des perspectives d'avenir (progrès possible et souhaitable, améliorations désirées pour un pays). Qu'il s'agisse d'un état de fait ou d'un projet, on emploie ce mot pour parler de l'évolution positive d'un pays, aussi bien au plan des mentalités que de la structure sociale, économique et politique.

Traditionnellement, maintes **théories** économiques ont eu tendance à assimiler le développement au passage réussi d'une société à l'ère industrielle. Dans le langage courant, sont donc considérés « développés » les pays d'Europe, d'Amérique et d'Océanie qui sont passés avec succès par la phase d'industrialisation (voir **OCDE**). Comment alors désigne-t-on tous les autres ? L'industrialisation est-elle la condition obligée du développement ? Ici, nous pénétrons sur un terrain où s'affrontent les auteurs, les théories, les travaux scientifiques et... les **acteurs** eux-mêmes.

D'abord, le développement ne doit surtout pas être confondu avec d'autres notions ou expressions au sens plus précis : croissance, prospérité, **modernisation**, retard à combler, etc. Comme il n'existe pas de modèle de développement universel, le risque de verser dans les jugements de valeur fondés sur ses propres normes culturelles ou **idéologiques** est grand. Par exemple, l'expression « pays sous-développés », utilisée par des Occidentaux, a-t-elle été maintes fois questionnée par les principaux intéressés, les peuples du **Sud**. En effet, on l'a jugée condescendante, parce qu'elle mesurait l'état d'une civilisation à partir de quelques critères étroits (économiques, techniques, scientifiques, etc.), qui mettaient en valeur le **Nord**. De plus, on l'a jugée pessimiste en ce qu'elle était tournée vers le passé (« sous-développés » est un participe passé...) et n'insistait pas sur le potentiel d'une société.

Doit-on abandonner le terme développement? Pas du tout!
L'enjeu est de lui donner un sens qui soit fécond pour tous, au Nord
comme au Sud. Ainsi, certains auteurs suggèrent qu'il appartient à
chaque peuple de définir lui-même les axes de son développement,
selon ses propres besoins, valeurs, objectifs, atouts, etc. Par ailleurs,
l'**ONU** a mis au point un nouvel outil pour mesurer le degré d'avancement d'un pays: l'**indice de développement humain** (IDH). Celui-ci
vise à estimer le niveau de bien-être d'un peuple et s'appuie sur
trois critères: la santé, l'instruction, le revenu. Cette initiative a
l'avantage de mettre les choses en perspective; le développement
ne se mesure pas nécessairement par la quantité d'investissements
productifs, l'état des finances publiques, les statistiques sur la croissance des exportations... ni le nombre de magnétoscopes par foyer.

⇨ TIERS-MONDE, PRODUCTIVISME, CENTRE / PÉRIPHÉRIE.

DÉVELOPPEMENT AUTOCENTRÉ

◆ Contraire de **développement extraverti**. Stratégie de développement, très populaire durant les années 50, 60 et 70, qui plaçait au
premier rang des préoccupations nationales la dotation en facteurs
de production, la diversification économique, la substitution des
importations, l'industrialisation, bref, un ensemble de mesures mettant en valeur les ressources nationales et devant conduire à la
modernisation et au progrès. Ce dernier, défini à partir des priorités
locales plutôt qu'internationales, devait mettre un terme à la **dépendance** vis-à-vis de l'étranger, en particulier des grandes puissances.
Le développement autocentré impliquait une certaine dose de **protectionnisme** et d'**interventions** de l'État. Dans plusieurs pays, cette
stratégie a permis une évolution réelle, mais a dû être dans une large
mesure abandonnée, compte tenu de l'évolution de la conjoncture
internationale: récession mondiale, crise de l'endettement, fluctuations
des prix et des taux d'intérêt, nouvelles règles du commerce, etc.

DÉVELOPPEMENT DURABLE

◆ Synonyme: développement soutenable. Stratégie de développement
opposée au **productivisme**. Le développement durable se démarque
du **néolibéralisme** ambiant sous deux principaux aspects. D'abord,
il mise sur des choix économiques qui seront avantageux à long
terme, plutôt que sur des priorités définies à court terme, ces dernières
visant avant tout les variations d'indicateurs économiques (PNB,
solde de la **balance commerciale**, ratios dette *per capita* et dette/

PNB, etc.) observables sur quelques années seulement. Deuxièmement, il donne préséance au patrimoine collectif sur la propriété privée. Les choix qui s'inscrivent à l'enseigne du développement durable privilégieront l'environnement, le renouvellement des ressources, la qualité de vie de l'ensemble des individus, la **justice sociale**, la paix, la coopération, le respect des droits humains.

⇨ BIEN COMMUN.

DÉVELOPPEMENT EXTRAVERTI

◆ On va qualifier un pays d'« économie extravertie » lorsqu'une grande partie de sa production nationale vise à satisfaire les besoins d'autres pays (exemple : par l'exportation de matières premières dont il est richement doté) et qu'il doit, en même temps, dépendre de l'extérieur (importations) pour les produits de consommation courante et les investissements productifs. Ce phénomène est un schéma très fréquent dans les pays du **tiers-monde**. Selon J. M. Albertini et A. Silem, il existe en fait deux modèles de développement extraverti pour ces pays :

« Le premier [...] est le modèle exportateur primaire, basé sur les exportations de produits de base, caractéristique encore de la plupart des pays du tiers-monde. Ce modèle est très fragile puisque les exportations ne reposent que sur quelques produits, sujets à des fluctuations erratiques des prix, et parfois à des tendances à la baisse à long terme. L'activité économique intérieure dépend principalement des exportations, et donc des prix et de la demande des pays riches. [...]

Le deuxième modèle [...] est celui des **Nouveaux pays industrialisés**, basé sur la diversification des exportations : exportations industrielles, exportations de produits primaires non traditionnels. Cela a d'abord été le cas de pays d'Asie du Sud-Est (Corée du Sud, Hong-Kong, Singapour), puis de pays d'Amérique latine (Mexique, Brésil, Chili). Ce type de développement a favorisé une croissance économique rapide [...], mais n'a pu résoudre les problèmes d'équilibre extérieur (endettement externe croissant), d'inégalités sociales, ou de pressions inflationnistes » (1989, p. 274).

⇨ DÉVELOPPEMENT AUTOCENTRÉ.

DIALECTIQUE

◆ Mode de raisonnement selon lequel toute réalité est duale et contient nécessairement en son sein des forces contradictoires.

« Une chose n'est pas seulement elle-même, mais autre chose qui est son contraire [...]. Chaque chose contient à la fois elle-même et son contraire. [...] À l'intérieur de chaque chose coexistent des forces opposées, des **antagonismes**. Que se passe-t-il entre ces forces ? Elles luttent. Par conséquent, une chose n'est pas seulement mue par une force agissant dans un seul sens, mais toute chose est réellement mue par deux forces de directions opposées. Vers l'affirmation et vers la négation... » (Politzer, 1977, p. 177).

Selon cette perspective, la réalité n'est jamais figée, immobile, statique. Au contraire, animée par des **conflits**, elle se meut constamment, évolue, se transforme. La dialectique permet donc d'envisager le réel sous son angle dynamique, son potentiel de changement.

DIASPORA

◆ Mot grec signifiant « dispersion ». Désigne l'ensemble d'un **peuple** ou d'une **ethnie** dispersé à travers le monde. Initialement, le terme était associé aux Juifs, chassés de Palestine et dispersés à travers le monde dès l'Antiquité. Depuis, souvent à cause d'une agression ou encore d'une détérioration des conditions économiques, d'autres peuples ont dû choisir l'exode et ont donc constitué des diasporas. Il en est ainsi de la diaspora chinoise, palestinienne, etc.

DICTATURE

◆ **Régime** politique caractérisé par la concentration des pouvoirs (législatif, exécutif et judiciaire) dans les mains d'un **acteur** politique dominant, qu'il s'agisse d'un individu, d'un parti, de l'armée, etc. Ce mode de gouvernement très **autoritaire** est généralement issu de (et basé sur) la violence, la **répression** de l'exercice des droits individuels et des libertés publiques et l'intolérance face à toute forme d'**opposition**.

On peut distinguer les dictatures se réclamant des idées d'**extrême gauche** ou révolutionnaires, la dictature communiste par exemple, de celles d'**extrême droite** ou réactionnaires, le fascisme par exemple.

⇨ AUTORITAIRE, ABSOLUTISME, DESPOTISME ET TYRANNIE.

DIKTAT

◆ Mot allemand signifiant « chose dictée ». Désigne ce qui est imposé par la force, que ce soit par le biais d'un ordre, d'un décret, d'un commandement. Décision ayant un caractère impératif et **unilatéral**.

DIPLOMATIE

◆ Science et pratique des négociations entre les pays. La diplomatie est le domaine où se règle une bonne part des **relations internationales** en temps de paix et même, dans une certaine mesure, en temps de guerre (exemple : préparation d'un accord de cessez-le-feu). Elle vise le règlement des désaccords entre États par voie de discussion et de compromis.

◆ L'ensemble des diplomates, le corps diplomatique. La diplomatie d'un pays donné œuvre – généralement à l'étranger – pour représenter ledit pays et pour défendre ses intérêts.

DISCIPLINE DE PARTI

◆ En **régime parlementaire**, entre autres, et c'est le cas au Canada et au Québec, les élus d'un parti politique sont tenus de respecter les grandes orientations, les positions et les décisions adoptées et mises de l'avant par le parti (congrès, organe de direction, chef) ou encore par l'aile parlementaire du parti (**caucus** des députés, **Conseil des ministres**). Cela se traduit au plan des interventions des élus, à l'intérieur ou à l'extérieur du Parlement (discipline de parti) et aussi au moment du vote en **chambre** (discipline de vote). La remise en question de la discipline de parti ou de vote peut entraîner diverses sanctions pouvant aller du retrait de certains privilèges parlementaires jusqu'à l'exclusion du parti.

DISCOURS

◆ Exposé, verbal ou écrit, des idées, des intentions, des préoccupations d'un **acteur** quelconque (**politicien**, **intellectuel**, porte-parole d'un **groupe de pression**, etc.). Bien que le terme réfère souvent à une prestation oratoire, il peut aussi être entendu dans ce sens : propos généralement tenu (par un individu, un groupe, une **institution**) sur un thème donné. Ainsi en va-t-il de cet usage : « Le discours de l'Église catholique sur l'homosexualité et sur la contraception est franche-ment dépassé. »

En science politique, le discours tenu par les acteurs est un maté-riau d'une importance capitale, plus significatif peut-être que les actes accomplis, puisque l'observateur a moins connaissance de ces derniers. Bien entendu – et c'est ce qui fait que plusieurs ne se don-nent plus la peine d'écouter –, le discours que tiennent publique-ment de nombreux acteurs politiques a tous les attributs sauf celui de la limpidité. Le discours est un vernis que l'on applique sur la réalité, un baume sur une plaie. Il faut le décoder, c'est-à-dire en déceler les non-dits, les euphémismes, les passages qui relèvent de la **démagogie**, les paradoxes, etc. Parfois il faudra distinguer l'affirma-tion prise au premier degré du sens implicite (second degré), en se fiant à l'intonation, au contexte ou à d'autres éléments. Certaines personnes ont développé une expertise en matière d'analyse du dis-cours ou en font une spécialité : chercheurs universitaires, journalis-tes, politicologues, etc. Pour qui veut comprendre la vie politique, leur apport est très précieux.

Discours d'ouverture

◆ Au Québec, ce discours, anciennement appelé « message inaugural », est prononcé en **chambre** par le **premier ministre** au début de chaque **session parlementaire**. Il présente publiquement les grandes orien-tations que lui et son gouvernement ont l'intention de donner à la gouverne de l'État, les solutions qu'ils proposent aux problèmes auxquels la société est confrontée et donc les principaux projets de loi qu'ils comptent faire adopter par l'**Assemblée nationale**. Tou-jours au Québec, le discours d'ouverture peut parfois être précédé d'un **discours du trône**, lu par le **lieutenant-gouverneur**.

Discours du trône

◆ Au Canada, discours lu au début d'une nouvelle **session parlemen-taire** par le **gouverneur général** devant l'ensemble des membres du **Parlement** et les juges de la Cour suprême, réunis en cette occasion dans la chambre du **Sénat**. Rédigé sous la direction du **premier ministre** et de son **gouvernement**, le discours du trône trace un por-trait de la situation générale du pays et présente les grandes lignes de leur programme législatif. Dans les **assemblées législatives** des provinces, le programme législatif des gouvernements est aussi pré-senté sous forme de discours du trône, lu par le **lieutenant-gouverneur**.

Au Québec, c'est généralement le **discours d'ouverture** qui tient lieu de discours du trône.

DISCRIMINATION

◆ Action de séparer un individu, un groupe social ou une collectivité sur la base de certaines caractéristiques (couleur de la peau, sexe, **classe sociale**, religion, âge, etc.) dans l'intention de créer, de consacrer ou d'accentuer des inégalités de fait ou de droit. Dans le cas où la discrimination est organisée de façon systématique, voire réglementée, on parlera alors de ségrégation.

DISSIDENT

◆ Dans un régime **autoritaire**, opposant déclaré au **régime** en place. Pour cet individu, le fait d'être dissident peut impliquer la clandestinité, l'exil, l'emprisonnement, la torture, etc. Dans le cas des pays démocratiques, on préférera le terme « opposant » à celui de dissident.

◆ À l'intérieur d'une organisation (**parti**, **groupe de pression**), individu ou groupe ayant exprimé publiquement son désaccord avec une décision ou une orientation adoptée, sans toutefois aller jusqu'à quitter ladite organisation.

DISSUASION

◆ En **relations internationales**, tactique déployée par un État A contre un État B et reposant essentiellement sur la menace, l'intimidation. L'État A veut décourager l'État B de procéder à une action quelconque et pour y arriver, A tente de faire comprendre à B que le rapport coût-bénéfice de l'acte qu'il s'apprête à commettre sera médiocre : les représailles que A fera subir à B, si B va de l'avant, seront telles que B ferait bien mieux de renoncer à son projet.

Les trois décennies suivant la fin de la Seconde Guerre mondiale correspondent à l'ère dite de la dissuasion nucléaire. En effet, l'acquisition par un État de l'arme nucléaire a amené celui-ci à croire qu'il disposait d'un argument de poids face aux États ennemis : c'était l'instrument dissuasif par excellence. Au début du XXIe siècle, le gouvernement des États-Unis voudrait bien que le bouclier antimissiles (programme *Star Wars*) joue un jour le même rôle.

Il est très difficile de déterminer si la dissuasion aura, dans chaque cas, l'effet désiré. D'une part, une variété de facteurs entrent en jeu (psychologie des chefs d'État et des membres du gouvernement, nature de la relation qu'ils entretiennent avec la population, détermination de cette dernière devant les enjeux, etc.) et d'autre part, « il est impossible d'apporter la preuve de son efficacité. Car on ignore si c'est à sa seule action efficace que l'on doit la non-réalisation de l'entreprise adverse. La dissuasion opère dans la virtualité, seul son échec s'inscrit dans la réalité » (Géré, 2000, p. 80).

DIVISION INTERNATIONALE DU TRAVAIL

◆ On peut facilement remarquer que, sur la planète, le travail est réparti territorialement, entre les pays. Cela s'explique bien entendu par la répartition des ressources naturelles (selon le climat, la géographie, la géologie, etc.) mais aussi et surtout par l'histoire économique des siècles derniers (**mercantilisme**, **colonisation**, **impérialisme**, etc.).

Selon les économistes libéraux classiques, la division internationale du travail traduit l'intérêt de chaque pays à se spécialiser dans les productions dont il est mieux doté, comparativement aux autres pays. Ainsi, la « théorie des coûts comparés » de Ricardo veut que chaque pays privilégie les activités économiques pour lesquelles il est le mieux pourvu : l'extraction de richesses naturelles, l'utilisation de sa main-d'œuvre bon marché dans l'industrie légère, ou encore la mise à profit de son savoir-faire et de ses capitaux. Comme ce pays possède une surcapacité dans l'un ou l'autre de ces facteurs, il a tout intérêt à l'exploiter pour la vente à l'étranger (les autres économies faisant de même avec leurs propres avantages comparatifs).

⇨ DÉPENDANCE, DÉVELOPPEMENT EXTRAVERTI.

DJIHAD
⇨ JIHAD.

DOCTRINE

◆ Ensemble organisé d'idées, de points de vue et de conceptions, présenté comme étant irréfutable et qui prétend permettre une interprétation des faits et une orientation de l'action qui soient toujours justes. Le qualificatif de « doctrinaire » (associé à un acteur ou à une attitude) est nécessairement péjoratif et synonyme de **dogmatisme**.

Ne pas confondre avec **théorie**. Madeleine Grawitz (1994, p. 127) fait une distinction intéressante entre doctrine et théorie, cette dernière pouvant être hypothétique et cherchant d'abord à expliquer, à « faire voir », plutôt que d'être incontestable et de chercher à convaincre ou à rallier, comme c'est généralement le cas pour une doctrine.

DOGMATISME

◆ Attitude qui consiste à affirmer de façon tranchante et autoritaire des idées, des points de vue ou une **doctrine**. Synonymes : étroitesse d'esprit, intransigeance, **sectarisme**.

DOMINION

◆ Terme anglais qui désignait anciennement les États souverains membres du **Commonwealth** dont la **politique étrangère** dépendait de Londres. Il s'agissait, par exemple, du Canada, de l'Australie, de la Nouvelle-Zélande, etc.

⇨ PROTECTORAT.

DROIT

◆ Désigne la possibilité d'agir, reconnue à un acteur social allant du simple citoyen à l'État (exemple : droit de parole, d'association, de vote, etc.).

◆ Au sens large, il s'agit de l'ensemble des règles établies par une autorité publique (et que cette dernière a le pouvoir de faire respecter) régissant la vie en société. Ainsi, on peut parler de « droit civil » ou encore de « droit criminel ». De façon plus précise, le droit étant défini comme l'ensemble des lois, il peut être divisé en plusieurs catégories : droit criminel, droit civil, droit des affaires, droit international, droit constitutionnel (concernant l'organisation et le fonctionnement de l'État), etc.

⇨ LOI.

DROITE

◆ L'origine du sens politique de cette expression remonte à la Révolution française. À l'Assemblée constituante, les **sièges** des représentants étaient disposés en hémicycle, faisant face à la tribune occupée par le président. Les députés qui remettaient en question les idéaux révolutionnaires de progrès, de « liberté, égalité, fraternité » ont alors occupé les sièges à la droite du président.

Depuis, en politique, on associe à la droite les idées ou **idéologies**, les **acteurs** politiques, les **discours**, les attitudes qui sont réfractaires au changement, qui sont donc conservateurs et qui, en dernière analyse, favorisent des classes sociales ou groupes privilégiés. Par exemple, la droite prône la fidélité au passé, l'**élitisme**, le maintien de la loi et de l'ordre, le **chauvinisme** national ; elle accepte les grandes disparités économiques existant entre les individus, celles-ci étant naturelles à ses yeux.

Alors que l'extrême droite défend les mêmes valeurs de façon très radicale, le centre droit se veut plus ouvert ou libéral.

⇨ CONSERVATISME, EXTRÊME DROITE ET RÉACTIONNAIRE.

DROIT INTERNATIONAL

◆ Ensemble de règles découlant des accords, chartes, **traités**, pactes, conventions, protocoles, etc., signés par les États, ainsi que les interprétations, coutumes et traditions qui tendent à se dégager de ces règles. Contrairement à ce qu'on peut observer à l'échelle nationale, où le **droit** est devenu un outil de régulation incontournable, le droit international reste à l'heure actuelle une référence discutable, dans la mesure où les **puissances** s'en réclament quand cela convient à leurs intérêts, mais passent souvent outre quand ce même droit est un obstacle à la poursuite de leur intérêt national.

DUMPING

◆ En **relations internationales**, action d'une entreprise, publique ou privée, qui liquide à l'étranger une partie de sa production, dans le but de développer de nouveaux marchés. Les économies qui subissent le dumping sont déstabilisées par l'irruption de ces produits vendus à faible prix, voire en deçà de leur coût de production. Pratique commerciale jugée déloyale.

E

ÉCHANGE INÉGAL

◆ **Théorie** avancée par des économistes marxistes, expliquant l'ampleur – sans cesse croissante – des disparités économiques entre les pays riches développés et ceux du **tiers-monde** par la nature des échanges commerciaux qui s'effectuent entre eux. Deux facteurs sont mis en cause :

- *la rémunération du travail*. Étant donné que les salaires octroyés aux travailleurs dans les pays du **Sud** sont beaucoup plus faibles, pour une même tâche, que ceux payés dans les économies du **Nord**, ces dernières échangent contre les produits du Sud des biens de valeur apparemment équivalente mais qui, en fait, incorporent beaucoup moins de travail que leur contrepartie en provenance du tiers-monde ;
- *l'avantage technologique systématique du Nord*. « Un produit nouveau est élaboré à coût élevé dans les pays technologiquement les plus avancés, puis produit en série à coût de plus en plus bas dans des régions où les salaires sont de moins en moins élevés. [...] L'échange inégal résulte de la différence des niveaux de développement technologique entre le Nord et le Sud, qui fait que le Sud est voué à produire constamment des marchandises à moindre composante technologique » (Commission française Justice et Paix, 1990, p. 164).

ÉCOLOGISME

◆ « L'écologisme est un mouvement, un comportement, une façon de vivre, une philosophie, une éthique, une théorie politique, un projet de société ou tout cela à la fois, qui propose et expérimente de nouveaux modes de vie, sur les plans individuel, économique, culturel et politique, qui garantissent l'épanouissement et la souveraineté à la fois de tous les écosystèmes et de tous les êtres humains de la Terre » (Jurdant, 1984, p. 68-69).

Contrairement à l'écologie-science, et à l'**environnementalisme** (axé sur la protection de l'environnement), l'**idéologie** et le mouvement écologistes, très larges et diversifiés, constituent une critique radicale des sociétés contemporaines axées sur l'augmentation incessante de la production et sur la consommation de masse. Ce « **productivisme** », qu'il soit capitaliste ou socialiste, conduit à la détérioration de l'environnement, à la dégradation de la qualité de la vie, mais aussi à la croissance des inégalités et du pouvoir technocratique.

Loin de prôner un retour à la nature, l'écologisme « politique » met de l'avant un projet de société fondé sur la **décentralisation** des pouvoirs (souveraineté des communautés de base, convivialité), une décroissance de la production de masse (**autogestion**, technologie douce, respect des écosystèmes) et la solidarité économique et sociale tant au plan national qu'international.

ÉCONOMIE DE MARCHÉ

◆ Mode d'organisation de l'économie basé sur le libre jeu des forces du marché que sont l'offre et la demande. Ce laisser-faire ou **libre-échange** économique est censé permettre d'atteindre une situation idéale, assurant une production maximale (due à la demande) au prix le plus bas (dû à l'offre). Selon cette « loi » de l'offre et de la demande, tous les membres de la société (réduits à l'état de producteurs et de consommateurs) y trouvent leur compte.

Contrairement à une économie planifiée, où l'État contrôle la production et la redistribution des biens et des services, dans une économie de marché, le rôle de l'État est réduit à celui de « gendarme ».

⇨ CAPITALISME, ÉTAT-GENDARME ET LIBÉRALISME ÉCONOMIQUE.

ÉCONOMIE INFORMELLE

◆ Aussi appelée « travail au noir » et « secteur informel », l'économie informelle désigne le travail des vendeurs de la rue, petits artisans, marchands mobiles, cuisiniers ambulants, colporteurs, nettoyeurs de voitures, etc., destiné à assurer leur subsistance et celle de leurs familles. Cette activité économique n'est pas officielle, peu ou pas encadrée par des lois ou règlements, non comptabilisée dans le calcul du produit national brut (PNB). Elle offre la possibilité à des centaines de millions de personnes de gagner leur vie, essentiellement dans le **tiers-monde**, mais aussi dans les pays industrialisés.

ÉLECTEUR

◆ Statut de la personne qui a le droit de vote. **Citoyen** qui exerce son droit de vote. À titre d'exemple, au Québec, les conditions nécessaires pour avoir la qualité d'électeur sont les suivantes : avoir 18 ans, être de citoyenneté canadienne, être domicilié au Québec depuis six mois et ne pas être sous curatelle.

ÉLECTORALISME

◆ Attitude de certains politiciens ou de certains partis politiques qui consiste à privilégier des considérations électorales (gagner des élections, accéder au pouvoir) au détriment de leurs responsabilités politiques (prendre position face aux problèmes auxquels la Cité est confrontée, proposer des projets, des choix, stimuler les débats et la recherche de solutions, etc.).

Le plus souvent, l'électoralisme conduit à la généralisation de débats politiques superficiels ou, carrément, à l'absence de débat.

⇨ CATCH-ALL PARTY.

ÉLECTORAT

◆ Terme qui désigne l'ensemble des électeurs d'un État, d'une tendance politique ou encore d'un parti politique. On parlera, par exemple, de l'électorat canadien ou québécois, de l'électorat de centre gauche ou d'extrême droite ou encore de celui du Parti libéral ou du Parti québécois.

ÉLITE

◆ « Ensemble de personnes considérées comme les meilleures, les plus remarquables d'un groupe, d'une communauté » (*Le Petit Robert*). Les représentants d'une élite peuvent se distinguer du grand nombre à cause de leur statut social, de leur richesse, de leur formation, de leur pouvoir, de leur « art », etc. Par extension, on qualifie d'élitistes les attitudes ou systèmes qui favorisent une élite.

ÉLITISME

◆ Tendance à favoriser la création d'**élites** ou à promouvoir la consolidation des élites existantes. Courant associé à la **droite** et opposé à la **démocratisation**.

◆ En sociologie et en science politique, **théorie** selon laquelle, dans toutes les sociétés, peu importe le lieu ou l'époque, le pouvoir politique appartient nécessairement à une élite, tandis que la masse des individus, elle, est naturellement promise à être gouvernée.

EMBARGO

◆ Moyen de pression utilisé par un État contre un autre État en vue d'amener ce dernier à modifier son action sur la scène internationale ou encore sa **politique intérieure**. L'embargo est donc une sanction, parmi toutes les formes de sanctions à la disposition des États : condamnation, bannissement, quarantaine, **blocus**... Il existe une panoplie de mesures **cœrcitives**, essentiellement d'ordre économique, à la disposition de qui veut imposer un embargo : arrêt complet des exportations à destination du pays visé, boycott de tous les produits en provenance de ce pays, interdiction s'appliquant aux moyens de transport en provenance ou à destination du pays en question, etc.

Un exemple très médiatisé est l'embargo imposé depuis 1991 à l'Irak par l'ONU, sur recommandation des États-Unis et de leurs alliés. Cet embargo, censé faire chanceler le régime de Saddam Hussein, et l'amener à éliminer tout son potentiel de fabrication d'armes de destruction massive, a plutôt eu pour effet d'étouffer littéralement la population et l'économie irakiennes. La principale richesse naturelle de l'Irak, le pétrole, est à peine exploitée faute de débouchés et le pays a beaucoup de difficulté à s'approvisionner en denrées essentielles (en médicaments, par exemple).

⇨ SANCTIONS INTERNATIONALES.

EMPIRE

◆ **Régime** politique **autoritaire** de type monarchique, ayant pour dirigeant un empereur. Cette forme de gouvernement n'existe plus, ou pratiquement plus, aujourd'hui. Cependant, elle a été courante en Europe, en Afrique et en Asie au cours des derniers siècles.

◆ Terme désignant un ensemble géopolitique formé d'une **métropole** et de ses possessions coloniales. Exemples : Empire britannique, Empire français, Empire ottoman, etc. Depuis la grande vague de **décolonisation** (après 1945), on n'emploie plus ce mot pour décrire les situations contemporaines – sauf par extension : Empire soviétique. Les empires ont laissé place à des associations beaucoup moins rigides entre grandes puissances et ex-colonies : **Commonwealth**, francophonie, etc.

ENCLAVE

◆ **Territoire** qui est encerclé, partiellement ou totalement, par le territoire d'un autre pays. Exemples : le Lesotho, un pays totalement
enclavé dans l'Afrique du Sud ; l'archipel de Saint-Pierre-et-Miquelon
(territoire français), enclavé dans les eaux territoriales canadiennes,
près de la côte terre-neuvienne.

Par extension, État enclavé : pays n'ayant aucun accès direct à une
voie de circulation internationale (mers et océans), à moins d'emprunter l'espace aérien ou le territoire de l'un de ses voisins.
Exemples : l'Afghanistan, la Bolivie, le Laos, le Paraguay, la Suisse,
le Zimbabwe, etc.

ENDIGUEMENT

◆ En anglais : *containment*. Politique élaborée par George Kennan et
mise de l'avant par les États-Unis contre l'URSS au début de la **guerre
froide** ; elle consistait à mettre tout en œuvre pour limiter l'expansion de l'influence soviétique dans le monde. Selon le gouvernement
américain, l'URSS pratiquait au lendemain de la Deuxième Guerre
mondiale une politique très active de propagation du communisme,
qui visait bien plus que la seule Europe de l'Est et menaçait à terme
tous les continents du globe. La création de diverses **alliances** militaires pro-américaines (dont l'**OTAN**) témoigne de cette volonté d'en
arriver au plus tôt à freiner complètement l'Union soviétique dans
son entreprise.

ENTREPRISE MULTINATIONALE (OU TRANSNATIONALE)

⇨ FIRME MULTINATIONALE.

ENTRISME

◆ Tactique qui consiste à entrer dans une organisation, une formation
politique, une structure donnée, afin de la modifier depuis l'intérieur et de la détourner de son orientation première. Par exemple, un
groupe formé d'éléments radicaux peut envisager de faire adhérer
tous ses membres à un **parti** politique perçu comme un véhicule
potentiellement intéressant, mais jugé pour le moment trop modéré.
S'il fait ce choix et tente de donner un nouveau programme à ce
parti, il pratique l'entrisme.

ENVIRONNEMENTALISME
◆ **Mouvement social** qui s'est développé dans les pays industrialisés dans les années 60 et 70, et qui lutte contre la détérioration de l'environnement (pollution de l'eau, de l'air, des sols, menaces à la survie d'espèces animales ou végétales, etc.). Bien qu'il y ait beaucoup de confusion possible entre les deux tendances, l'**écologisme** sous-entend une critique politique et économique des sociétés modernes, alors que l'environnementalisme représente un courant de type plutôt **réformiste**, limité à la conservation de la nature. Greenpeace et, au Québec, la Société pour vaincre la pollution (SVP) et l'Union québécoise pour la conservation de la nature (UQCN) sont parmi les groupes environnementalistes les plus connus.

ÉTAT
Bien que le terme puisse avoir diverses significations, les différentes réalités auxquelles il fait référence sont des objets d'étude privilégiés de la **science politique**.

◆ Premièrement, plus ou moins synonyme de pays, l'État est la principale manifestation du phénomène politique des **Temps modernes**, l'équivalent de la **Cité** grecque au moment de l'Antiquité. En ce sens, l'État est constitué :

• d'une population,
• d'un territoire,
• d'un idéal commun,
• d'une autorité ou d'un pouvoir politique souverain.

  Tout État est considéré comme une personne morale. L'ensemble des États forme la communauté internationale des États.

◆ Dans un deuxième sens, selon le contexte, État peut être synonyme d'appareil gouvernemental et désigne alors l'autorité politique constituée qui exerce la **souveraineté** politique et contrôle l'administration centrale d'un pays, d'une province. L'État possède le monopole de la force, contrôlant la police et, en dernière instance, l'armée, ce qui en fait un **acteur** politique de premier plan.

◆ Enfin, le même terme peut aussi désigner une division territoriale ou encore administrative au sein d'un pays. C'est le cas, par exemple, des 50 États aux États-Unis, ou des 31 États du Mexique.

L'État, comme mode d'organisation des sociétés humaines, est relativement jeune et coïncide avec l'affirmation de l'identité nationale. Légataire du pouvoir politique, l'État moderne est sans doute la plus puissante organisation et le plus important appareil de cœrcition que l'humanité ait connus. Il est à la fois objet de conflit entre les différentes forces politiques et à la fois sujet, acteur important au cœur de la dynamique politique.

ÉTAT DE DROIT

◆ État basé sur le principe de la suprématie du **droit** et qui vise un double idéal : bannir la violence comme moyen de règlement des conflits entre citoyens et protéger la collectivité contre toute forme d'abus de pouvoir de la part des autorités, celles-ci étant elles-mêmes soumises aux règles de droit. L'indépendance politique et économique du pouvoir **judiciaire** est une condition essentielle à l'État de droit.

ÉTAT D'URGENCE

◆ Mesure qui consiste à étendre de façon draconienne les pouvoirs de l'autorité publique (gouvernement, tribunaux, forces policières, forces armées), au détriment des droits et libertés normalement reconnus aux citoyens.

La mise en place de l'état d'urgence peut être justifiée, par les autorités qui l'utilisent, dans le cas de menaces à l'ordre public (guerre, **insurrection**, émeute) ou encore dans le cas de tourmentes publiques (bouleversement politique ou économique, cataclysme naturel, etc.).

⇨ COUVRE-FEU, LOI MARTIALE, LOI DES MESURES DE GUERRE **(1970)**.

ÉTAT-GENDARME

◆ Expression employée pour parler de la situation où, dans un pays, les fonctions de l'État sont réduites au strict minimum : respect de la loi et de l'ordre, arbitrage des litiges, souveraineté territoriale, défense, diplomatie. C'est le scénario selon lequel l'appareil d'État est le plus léger possible, où il intervient le moins dans la vie courante, ne lève pas d'impôts et laisse le champ libre à l'initiative privée (à qui revient le rôle moteur). Cela correspond à l'idéal formulé par le libéralisme classique, base idéologique du système économique capitaliste. Cet idéal est repris aujourd'hui par le **néolibéralisme** (incarné par des auteurs comme Milton Friedman et August Friedrich von Hayek).

⇨ ÉTAT PROVIDENCE, ÉCONOMIE DE MARCHÉ, LIBÉRALISME ÉCONOMIQUE.

ÉTAT MULTINATIONAL

◆ Par opposition à **État-nation**. Pays formé de plusieurs **nations**. Par exemple, la Belgique est un État binational, issu de l'assemblage de deux peuples : les Wallons (qui parlent français) et les Flamands (qui parlent flamand, une langue apparentée au hollandais). Le Canada est formé de deux nations fondatrices (issues principalement des descendants des Français et des Anglais) et de plusieurs nations **autochtones**. La Russie est formée à 80 % de Russes, tandis que le reste de la population se répartit en une constellation de petites nations : Caréliens, Bouriates, Iakoutes, Tatars, Bachkirs, Tchétchènes, etc.

Le concept d'État multinational fait abstraction des **diasporas** et des communautés ethniques constituées grâce à l'immigration. Pratiquement tous les États de la planète abritent des communautés ethniques, même ceux qualifiés d'**État-nation** (par exemple, la France et sa communauté maghrébine) ; cela n'en fait pas des États multinationaux pour autant.

ÉTAT-NATION

◆ État dont la population est composée de façon très nettement majoritaire par une seule **nation**. Depuis 1789, la conception française de l'État comme personnification de la nation et comme instrument de la souveraineté nationale s'est imposée. Toutefois, le couplage État/nation n'est pas universel : il existe des nations sans État (le peuple palestinien, par exemple), certaines nations sont réparties sur plusieurs États (la Chine, Taïwan et, jusqu'à l'été 97, Hong-Kong, pour le peuple chinois, par exemple) ; il existe aussi de nombreux États dont la population est composée de deux ou de plusieurs nations (le Canada, entre autres).

⇨ ÉTAT MULTINATIONAL.

ÉTAT PROVIDENCE

◆ L'expression désigne un mode d'organisation de la société, un stade de développement possible du système capitaliste, où dans le cadre d'une **économie de marché** l'État intervient sur les plans économique et social (de façon plus ou moins poussée, selon les tendances).

Dès le XIXᵉ siècle, les problèmes auxquels les économies libérales doivent faire face (développement des monopoles, crises de surproduction, chômage, inégalités, révoltes et répression, etc.), de même que les revendications des mouvements ouvrier et socialiste, obligent l'État à intervenir, ce qu'il fera en prenant à sa charge certains secteurs de l'économie, en réglementant davantage la vie en société et en mettant sur pied des programmes sociaux. Après le krach de 1929, John Maynard Keynes (1883-1946) poussera plus loin la théorie sur le rôle de l'État, voulant que ce dernier agisse comme régulateur économique et comme arbitre entre les principaux acteurs concernés : les propriétaires d'entreprises et les travailleurs.

Si ce modèle de société connaît son apogée dans les années 60 et 70, par la suite, l'État providence se révèle incapable de contrer les effets de la nouvelle crise des années 80 : fermetures d'entreprises, augmentation du chômage, déficits successifs et endettement endémique des gouvernements, **mondialisation** de l'économie. Partout où il s'est implanté, l'État providence, en crise, est battu en brèche par le discours et la pratique des **néolibéraux** : **privatisation**, **déréglementation** et coupures dans les programmes sociaux. Synonymes : **Welfare State**, État pourvoyeur, État **keynésien**.

ÉTATS SATELLITES

◆ Pays qui sont situés dans la **zone d'influence** d'une puissance régionale ou d'une superpuissance et qui subissent le contrôle de cette dernière dans leur vie politique (interne et internationale). On emploie cette expression pour désigner des pays qui ont perdu dans une large mesure leur autonomie – militaire, économique, politique – vis-à-vis de la grande puissance en question. Exemples : pays d'Europe de l'Est face à l'URSS durant la guerre froide ; Lesotho et Swaziland face à l'Afrique du Sud.

⇨ GLACIS.

ÉTATS TAMPONS

◆ Il s'agit « d'États caractérisés par le fait qu'ils constituent spatialement des zones séparant deux ou plusieurs États concurrents et généralement plus puissants » (Soppelsa, 1988, p. 112). La présence d'États tampons est censée prévenir l'éventualité de conflits directs entre les deux puissances ainsi séparées.

Par exemple, durant la **guerre froide**, des pays d'Europe centrale (Autriche), orientale (Yougoslavie) et du Nord (Finlande) ont joué ce rôle pour l'URSS et les puissances d'Europe occidentale. On a parlé aussi « d'État tampon juif » pour désigner, d'un point de vue occidental, Israël comme un pays jouant un rôle de tampon entre une Europe riche et développée et un monde arabe prétendument sous-développé et hostile.

ÉTAT UNITAIRE

◆ État où la **souveraineté**, indivise, est exercée par un seul palier de **gouvernement** (que le régime soit de nature démocratique ou dictatoriale). Ce gouvernement contrôle tous les champs de **juridiction** ; il est responsable, en dernière instance, de tous les domaines ou de toutes les **compétences** législatives sur l'ensemble de son territoire. Les divisions territoriales au sein d'un État unitaire, quand elles existent, ont des fonctions purement administratives. C'est le cas, par exemple, des départements en France.

ÉTATISATION

◆ Décision (et action) de faire gérer par l'État une activité économique ou culturelle qui, jusqu'alors, était privée.

⇨ NATIONALISATION.

ETHNIE

◆ Du grec *ethnos*, groupe, peuple. Terme dont le sens peut varier grandement selon l'usage qu'on en fait. Désigne toujours une communauté humaine, mais de taille très variable d'un cas à l'autre. En effet, pour certains auteurs, ethnie référera à **peuple**, ou même à **nation**, alors que d'autres usages signifieront plutôt « groupe de tribus », voire « tribu ».

« Pour les ethnologues [...] le terme d'ethnie désigne la catégorie de base qu'ils prennent en compte : un groupement plus ou moins large d'hommes et de femmes caractérisé par des traits communs essentiellement linguistiques et culturels et par un fort sentiment tant d'appartenance à cette collectivité que de différence avec d'autres groupements voisins, voire d'opposition à eux. [...] Elle est composée d'hommes et de femmes qui partagent une même culture, une même langue, une même religion et les mêmes coutumes ; qui sont liés par des rapports de parenté et par une organisation sociale commune ; qui admettent une même origine collective et partagent des représentations communes... » (Lacoste, 1993, p. 622).

ETHNOCENTRISME
◆ Propension à juger l'**altérité**, plus précisément la différence culturelle, ethnique ou raciale, à partir de soi, de sa propre identité, comme si cette dernière était le standard indubitable, l'étalon universel à partir duquel mesurer les qualités d'autrui.

ÉVÉNEMENTS D'OCTOBRE
⇨ CRISE D'OCTOBRE.

EXCLAVE
◆ Tout comme l'**enclave**, anomalie géopolitique, mais vue cette fois depuis l'État qui a la **souveraineté** sur cette parcelle de **territoire** séparée de ce qui forme l'essentiel de son territoire national. L'Angola et son exclave, Cabinda (entre le Congo et la RDC-Zaïre), la Russie et son exclave, Kaliningrad (entre la Pologne et la Lituanie) ; l'Espagne et ses exclaves de Ceuta et de Melilla, encastrées dans le territoire du Maroc.

EXÉCUTIF
◆ Un des trois types de pouvoir de l'État, qui consiste à la mise en œuvre des lois (exécution) et à la définition de la politique du pays. Le pouvoir exécutif est incarné non seulement par le **chef d'État** et le **gouvernement**, mais aussi par l'administration : c'est-à-dire toute

l'**administration publique** et les agences gouvernementales relevant de leur autorité. Dans les États modernes, le pouvoir exécutif est très puissant et influent ; il contrôle *de facto* le budget de l'État et joue même un rôle prépondérant dans l'initiative législative (conception et proposition de projets de loi).

Au Canada, selon la Constitution, le pouvoir exécutif est « à deux têtes », puisqu'il est partagé entre le **souverain** d'une part et le **Cabinet**, de l'autre. Aux États-Unis, l'exécutif est « à une tête », puisque la direction en revient au président. En Suisse, l'exécutif est « à plusieurs têtes », puisque la direction en revient à un organe collégial de sept membres, le Conseil fédéral, doté d'une présidence tournante annuelle.

EXPLOITATION

◆ En économie : traitement ou mise en valeur d'une ressource, par le biais du travail, afin d'en extraire ce qui pourra ensuite être vendu, échangé ou consommé.

◆ En sciences sociales, s'agissant des êtres humains plutôt que de la matière : usage abusif, et donc moralement inacceptable, des qualités, de la force de travail ou des autres attributs d'un être humain. Exemples : la pornographie infantile, les enfants soldats.

EXTRATERRITORIAL

◆ Dont le caractère dépasse les **frontières** nationales. Exemple : la loi Helms-Burton, adoptée par le Congrès des États-Unis, avait une portée extraterritoriale puisqu'elle visait directement quantité d'autres **États** que les États-Unis d'Amérique. Ses promoteurs voulaient qu'elle s'applique au-delà du territoire des États-Unis : ils escomptaient qu'elle sanctionne notamment les entreprises canadiennes, mexicaines et européennes dont les activités à Cuba ou les liens d'affaires avec ce pays impliquaient des propriétés ayant appartenu à des individus ou à des intérêts américains avant 1959.

EXTRAVERSION

⇨ DÉVELOPPEMENT EXTRAVERTI.

EXTRÊME DROITE

◆ On situe à l'extrême droite de l'axe des idéologies politiques, les **idéologies**, les **acteurs** ou encore les discours politiques qui, tout en rejetant la démocratie libérale, prônent l'établissement d'un régime politique autoritaire afin de maintenir dans la société une loi et un ordre assurant les **privilèges** d'un groupe, d'une classe dominante ou d'une « race » supérieure.

⇨ DROITE, EXTRÉMISME, FASCISME ET NAZISME.

EXTRÊME GAUCHE

◆ On situe à l'extrême gauche de l'axe des idéologies politiques, les **idéologies**, les **acteurs** ou encore les discours politiques qui, tout en rejetant la démocratie libérale et le **réformisme**, prônent la violence révolutionnaire pour briser les mécanismes d'exploitation et mettre fin aux inégalités économiques et sociales.

⇨ GAUCHE ET EXTRÉMISME.

EXTRÉMISME

◆ Comportement politique qui consiste à refuser tout compromis et à prôner des changements brusques et fondamentaux sur les plans politique, économique, etc. Les extrémistes (de **gauche** ou de **droite**) veulent atteindre leurs objectifs de façon rapide en utilisant des moyens violents : terrorisme, coup d'État, guerre civile, révolution (voir ces termes).

F

FACTION

◆ Au sein d'un ensemble plus large, groupe minoritaire d'individus ayant des affinités précises ou des visées spécifiques. Ce groupe peut être en opposition avec l'ensemble plus large auquel il est associé, et/ou en processus de rupture, voire de **sédition**.

FASCISME

◆ Idéologie d'**extrême droite** qui s'est développée en Italie avec le régime de Benito Mussolini de 1922 à 1945, à la suite de la Première Guerre mondiale et de la crise économique de 1929.

Il s'agit d'un projet de société totalitaire et **militariste**, basée sur une mobilisation de masse contrôlée par un **parti unique** dont le pouvoir est fondé sur la propagande et la terreur, ce parti étant lui-même soumis à un chef «clairvoyant» (*Il Duce*). Dans ce sens, la devise fasciste *Croire, obéir, combattre* est sans équivoque. Selon les théories fascistes, les inégalités «naturelles» entre les hommes, les nations et les races justifient la domination, l'autoritarisme, le **chauvinisme** national, la **xénophobie**, le **racisme** et les guerres de conquête impérialistes. Cette idéologie, favorable au grand capital et donc à la libre entreprise, se développe habituellement en période de crise économique et d'instabilité politique (en réaction à la montée des forces progressistes) sur les thèmes du maintien de la loi et de l'ordre, voire de la sauvegarde de la civilisation occidentale.

⇨ EXTRÊME DROITE, NAZISME ET RÉGIME FASCISTE.

FAVORITISME

◆ Au sens large, attribution d'avantages de diverses natures (à un individu, à un groupe ou à une région) de manière indue, donc au détriment de la justice ou du mérite. De façon plus précise, en politique, de tels avantages seront attribués pour services rendus au **parti**, ou «au pouvoir». Au Québec, on utilise erronément l'anglicisme «patronage».

FÉDÉRALISME

◆ Principe d'organisation juridique et/ou politique qui permet à des entités différentes de s'unir en fonction d'intérêts ou de besoins communs, tout en maintenant une certaine forme d'**autonomie** liée à des intérêts spécifiques. Ainsi, on parlera de fédération syndicale, sportive, etc.

◆ Caractéristique d'un **système politique** prévoyant l'existence de deux paliers de **gouvernement**, celui de l'État fédéral ou central et celui des États membres (**provinces**, républiques, *länder*, cantons, etc.), qui se partagent les divers champs de **compétence** ou de **juridiction**.

⇨ FÉDÉRATION D'ÉTATS.

FÉDÉRATION D'ÉTATS

◆ État (central ou fédéral) composé d'États (membres ou fédérés) qui se partagent la **souveraineté**, les pouvoirs législatifs ou les champs de juridiction. Dans ce partage, généralement précisé et garanti par la Constitution, l'État central ou fédéral, qui est souverain en dernière instance, contrôle les pouvoirs les plus importants comme la défense nationale, l'économie, la monnaie et les relations étrangères. Les exemples de fédérations d'États sont nombreux : le Canada (qui n'a rien d'une **confédération**, sinon le titre), les États-Unis d'Amérique, la République fédérale allemande, l'Inde, la Malaisie, le Brésil, etc.

◆ De façon plus large, au-delà des structures, le terme peut aussi désigner une manière de fonctionner en fédération, une pratique, une tendance ou un type de fédéralisme. Ainsi, on parlera de fédéralisme centralisateur, coopératif, souple, autoritaire, etc. Ces tendances peuvent être associées à une fédération en particulier, à certaines périodes dans l'histoire d'une fédération, ou encore à certains acteurs politiques à l'intérieur d'une fédération.

FELQUISTE

◆ Relatif au **FLQ**.

◆ Nom donné à un membre ou à un sympathisant du **FLQ**.

FÉMINISME

◆ On emploie ce terme pour parler non seulement d'une **idéologie** mais aussi d'un phénomène social et politique : le féminisme peut en effet désigner le mouvement organisé des femmes qui luttent pour leur libération et pour l'obtention de leurs droits.

◆ S'agissant de l'idéologie, on parlera toutefois du féminisme comme d'un système d'idées qui poursuit deux objectifs complémentaires : d'une part, mettre de l'avant l'égalité entre les hommes et les femmes (d'où la nécessité d'intervenir sur les droits des femmes) et, d'autre part, réaliser la libération complète des femmes. Cette seconde exigence implique un travail d'une portée beaucoup plus vaste, puisqu'elle suggère une réappropriation par les femmes de leur identité, ainsi qu'une transformation profonde des représentations traditionnelles et de toute la structure sociale (voir **patriarcat**).

Le féminisme repose sur la conviction que les femmes souffrent toutes d'une **oppression** spécifique, et cela à cause de leur sexe. Différents courants cherchent à expliquer les fondements de cette injustice et à y remédier : féminisme égalitaire, féminisme radical, féminisme libertaire, etc. Certaines analyses insistent davantage sur les rapports se déroulant dans la sphère publique (marché du travail, scène politique, lois et institutions, etc.). D'autres placent la sphère privée au cœur de leurs préoccupations : sexualité, utilisation faite du corps des femmes, vie domestique, rôles sexuels inculqués dans la famille, etc.

FÉODALITÉ

◆ Organisation sociale et politique dominante en Europe au Moyen Âge, basée sur la propriété foncière, le fief et la vassalité. Le seigneur, propriétaire foncier, concédait un domaine, le fief, à son vassal. En échange, ce dernier devait se soumettre à son seigneur (suzerain) et lui assurer aide militaire et soutien financier. Ce système hiérarchique (les chevaliers étaient soumis aux barons, eux-mêmes soumis aux ducs, comtes, vicomtes... eux-mêmes soumis au roi) devait assurer un certain ordre social et politique, mais le régime féodal fut au contraire marqué par le morcellement politique et par d'incessantes rivalités entre seigneurs.

Par ailleurs, le régime seigneurial régissait l'organisation de la vie économique : les serfs (paysans, étrangers à la vassalité) cultivaient les terres (tenures ou manses) que leur concédait le seigneur en échange de nombreuses corvées (travaux de construction, de réparation, d'entretien de la propriété du seigneur, etc.) et de lourdes redevances, généralement en nature (taille, cens...). Ce régime assurait à la **noblesse** le maintien de ses **privilèges** économiques et sociaux et permettait à la paysannerie, au mieux, une maigre subsistance.

FIRME MULTINATIONALE (FMN)

◆ Aussi appelée «entreprise multinationale» et «société transnationale». La firme multinationale est une entreprise originaire du pays – du **Nord** le plus souvent – où se trouve son siège social mais qui, de par l'important développement de ses activités, voit l'essentiel de ses affaires se dérouler à l'extérieur, dans ses multiples filiales et sous-filiales installées aux quatre coins du globe. Les entreprises privées qui composent la FMN sont reliées entre elles par des liens juridiques et participent toutes à un plan d'ensemble : concourir à la réalisation des plus grands profits, pour le groupe. Les multinationales découlent d'une soif toujours plus grande d'étendre les marchés, mais aussi de déplacer la production, pour bénéficier des « avantages comparatifs » de chaque pays : faible coût de la main-d'œuvre, absence de lois anti-pollution, possibilités d'évasion fiscale ou de rapatriement des capitaux, etc.

FLQ

◆ Le Front de libération du Québec était une organisation nationaliste clandestine, active au Québec de 1963 à 1970, comptant au maximum une trentaine de membres et ayant pour but d'alimenter, d'appuyer et éventuellement de diriger la **lutte de libération nationale** du peuple québécois. Pour ce faire, le FLQ a mené durant ces années une action à trois volets : conscientiser les masses (journaux, communiqués, coups d'éclat...), radicaliser les luttes populaires (exemple : transformer un conflit de travail en un conflit politique national), déstabiliser le système oppressif en place (exemple : attaquer les symboles du pouvoir politique afin de montrer la vulnérabilité du régime – et donc la faisabilité, à terme, d'un éventuel renversement de l'État). **La crise d'Octobre** 1970 est le point culminant de l'action du FLQ.

FONCTION PUBLIQUE
⇨ ADMINISTRATION PUBLIQUE.

FONDAMENTALISME
⇨ INTÉGRISME.

FONDS MONÉTAIRE INTERNATIONAL (FMI)
◆ Organisme créé en 1944 en vertu des accords de Bretton Woods, regroupant plus de 150 pays et poursuivant trois buts : assurer la stabilisation des taux de change, garantir la convertibilité des monnaies, ouvrir des facilités de crédit pour les pays membres. Durant ses 25 ou 30 premières années d'existence, le FMI est venu en aide

essentiellement aux pays industrialisés, qui éprouvaient des difficultés ponctuelles avec leur balance des paiements.

Par la suite, le FMI a été conduit à jouer un rôle de plus en plus
important dans l'assistance financière des pays du tiers-monde qui
connaissaient, à partir des années 70-79, de graves déséquilibres
dans leur balance des paiements. Depuis 1979, 98 % des facilités de
crédit consenties par le Fonds ont été utilisées par les pays en voie
de développement, de sorte que le FMI s'apparente de plus en plus à
une « banque de développement ». Très souvent, le FMI rend condi-
tionnelle son aide à l'adoption, par les pays s'adressant à lui, de programmes d'**ajustement structurel** qu'il pilotera lui-même. On a
donc souvent questionné ses politiques, qui mettaient en péril la
souveraineté des États bénéficiaires.

L'influence de chaque pays membre sur les décisions prises par le
Fonds dépend de son poids relatif dans le commerce mondial. Les
cinq pays qui ont le plus souscrit au capital du FMI (États-Unis,
Japon, Allemagne, Grande-Bretagne, France) disposent d'environ
40 % des droits de vote au sein de l'organisme. De plus, les États-
Unis y détiennent une forme de droit de *veto*.

FORCES PRODUCTIVES
◆ Selon la théorie marxiste, ensemble des éléments qui concourent à la
   production de biens ou de services, dans un système économique
   donné. D'après cette conception, on peut distinguer cinq grandes
   composantes des forces productives : les éléments naturels (eau, air,
   feu, etc.), les matières premières, les outils et machines, la force de
   travail des individus et enfin les formes de coopération, dont les
   combinaisons dans lesquelles s'organise le travail.

FRANCOPHONIE
◆ Au sens large, communauté formée de l'ensemble des personnes de
   langue française de la planète.

◆ Créée à l'initiative de la France en 1986, aussi appelée Sommet des
   chefs d'État et de gouvernement ayant en commun l'usage du
   français, la « francophonie » désigne en relations internationales
   l'institution regroupant 55 États – dont plusieurs anciennes colonies
   françaises ou belges – qui travaillent ensemble pour promouvoir la
   culture, le savoir et la coopération technique en langue française.
   Outre la France, la Belgique et le Canada, on compte notamment

parmi les membres de la francophonie des États non souverains comme le Nouveau-Brunswick et le Québec.

FRONTIÈRES

◆ Les frontières sont des limites (naturelles ou artificielles) qui définissent l'étendue du territoire d'un État. Plus qu'une simple ligne de démarcation, les frontières déterminent l'aire où un État exerce sa **souveraineté**. Le territoire ainsi défini est aussi une composante importante de l'identité des **peuples**.

◆ Séparant les territoires, les peuples et les souverainetés de deux ou de plusieurs États, les frontières ont été généralement déterminées par des rapports de force, les guerres modifiant souvent les frontières « ... auxquelles les traités de paix confèrent une éternité temporaire » (Moreau-Defarges, 1995, p. 69).

Bien que remise en question par le **libre-échange**, la **mondialisation** et le développement des organisations **supranationales**, la délimitation des frontières – et donc de territoires « nationaux » – est toujours au cœur de nombreux conflits contemporains. C'est le cas, entre autres, dans l'ex-URSS et en ex-Yougoslavie.

FUITE DES CAPITAUX

◆ Phénomène de sortie massive des capitaux d'un pays, leurs propriétaires étant attirés par les plus forts rendements offerts à l'étranger ou encore par la sécurité que représente, pour leurs avoirs, une telle expatriation. La fuite des capitaux constitue un problème pour le pays qui la subit, dans la mesure où ces gains en capital ont été réalisés localement (exemple : par l'extraction d'une ressource naturelle ou l'utilisation de la main-d'œuvre) mais ne sont pas réinvestis dans l'économie nationale – qui en aurait bien besoin, en particulier s'il s'agit d'un pays du **tiers-monde**.

Ce phénomène, combiné avec celui du remboursement de la dette, fait d'un grand nombre de pays du tiers-monde des exportateurs nets de capitaux, ces pays expatriant davantage d'argent qu'ils n'en reçoivent.

G

G7/G8

◆ Appelé tantôt G7, tantôt G8 à cause de l'admission plus ou moins formelle, complète et définitive d'un nouveau membre, la Russie, il s'agit
de la réunion des **chefs d'État** des sept pays les plus industrialisés de la planète : États-Unis, Allemagne, Japon, Royaume-Uni, France,
Italie et Canada. Traditionnellement, c'est la nature des discussions à
l'ordre du jour qui détermine la participation ou non de la Russie,
cette puissance n'étant pas invitée lorsque des questions financières
sont traitées et l'étant lors de sommets devant aborder les thèmes
diplomatiques (politique internationale).

Ces chefs d'État se rencontrent régulièrement dans le cadre d'un
« sommet » – qui a lieu tous les deux ans, en juillet – pour aborder les
grandes questions économiques, politiques et **stratégiques** de l'heure
et pour s'entendre sur une action commune. Il est très important de
bien connaître et comprendre les décisions de ces grandes puissances mondiales, car elles prétendent guider le développement de
l'économie capitaliste mondiale, cibler les grands enjeux pour la planète, de même que définir les menaces qui pèsent sur le monde riche
et développé.

GATT

◆ *General Agreement on Tariffs and Trade.*

⇨ **OMC.**

GAUCHE

◆ En politique, on situe à gauche des idées ou **idéologies**, des **acteurs**
politiques, des **discours**, des attitudes favorables au changement en
termes d'égalité, de justice et de **démocratie** et qui, en dernière analyse, favorisent des classes sociales ou groupes dominés ou mépri-
sés. Ainsi, par exemple, la gauche prône la liberté de pensée et
d'action, les transformations sociales, la **justice sociale** et économique, l'égalité des droits des peuples, etc.

L'**extrême gauche** révolutionnaire défend les mêmes valeurs de
façon très **radicale**, alors que le centre gauche adopte des positions
réformistes.

Il en est ainsi depuis la Révolution française de 1789, alors qu'à l'Assemblée constituante les représentants favorables aux idéaux révolutionnaires de progrès, de « liberté, égalité, fraternité », et qui remettaient en question les privilèges des groupes dominants de l'époque, occupaient les sièges situés à la gauche du président de l'Assemblée.

⇨ PROGRESSISTE, SOCIAL-DÉMOCRATIE.

GÉNOCIDE
◆ Du grec *genos*, famille/race et du latin *cædere*, tuer. Entreprise d'extermination systématique d'un **peuple**, d'une **ethnie** ou d'une communauté, habituellement conduite par (au moins) un **État** et pouvant impliquer une complicité plus ou moins active d'une partie de la population. Exemples : génocide des Arméniens au lendemain de la Première Guerre mondiale (perpétré par l'État turc), génocide des Juifs durant la Seconde Guerre mondiale (perpétré par l'Allemagne nazie et ses alliés), génocide des Tutsis perpétré à l'initiative des autorités du Rwanda en 1994.

GÉOPOLITIQUE
◆ Définie comme l'« étude des rapports entre les données naturelles de la géographie et la politique des États » (*Le Petit Robert*), la géopolitique privilégie différents aspects géographiques, au sens large, pour expliquer la puissance relative des États, leurs politiques et les rapports internationaux. Ainsi, on considère la dimension du territoire et, entre autres, sa configuration, sa situation naturelle (données géophysiques) et son emplacement (rôle et importance des États voisins). De plus, on prendra en compte des facteurs démographiques, les ressources naturelles, le potentiel énergétique, le niveau de développement technologique et la qualité de l'armement, de même que certains facteurs subjectifs comme la stabilité politique, la capacité de mobilisation idéologique, le type de direction politique, etc.

GÉRONTOCRATIE
◆ Du grec *geron*, vieillard et *kratos*, pouvoir. **Régime** politique où le **pouvoir** est exercé par les vieillards. Certains gouvernements contemporains ont pu être qualifiés de gérontocraties en raison de l'âge avancé des dirigeants, notamment ceux de l'ex-URSS et de la Chine communiste.

GLACIS

◆ Terrain en pente, entourant une fortification, que l'ennemi doit gravir à découvert avant de pouvoir atteindre sa cible.

◆ En **relations internationales**, on utilise glacis pour désigner une zone limitrophe d'un État donné, formée de divers territoires qui lui sont plus ou moins soumis et devant servir de théâtre d'affrontement dans le cas d'un éventuel conflit. Pour cet État, le glacis est vu comme un moyen d'éloigner de ses propres frontières le lieu où l'ennemi attaquera.

Par exemple, durant la **guerre froide**, on a parlé des pays d'Europe de l'Est comme d'un glacis soviétique, ainsi que du Canada comme d'un glacis américain (le Canada était le plus court chemin entre l'URSS et les États-Unis).

GLASNOST

◆ Mot russe qui veut dire publicité et, par extension, transparence. Employé par Mikhaïl Gorbatchev au milieu des années 80 et jusqu'à la fin de cette décennie (époque de son passage à la présidence de l'URSS), pour parler de certaines réformes imprimées à l'appareil d'État (comme la reddition de comptes devant le peuple) et à la société (le droit de critiquer publiquement, de formuler une plainte).

⇨ PERESTROÏKA.

GLOBALISATION

◆ Pour maints auteurs et spécialistes des relations internationales, synonyme de **mondialisation**.

◆ Pour d'autres, il s'agit d'une phase d'intégration planétaire encore plus poussée et subséquente à la mondialisation (dans le cadre de laquelle les États demeurent le référent incontournable, tandis qu'à l'ère de la globalisation, ceux-ci seraient carrément dépassés par une nouvelle forme de gouverne, **apatride** et **transnationale**). « Comme système, la globalisation est la gouverne du monde par de puissants intérêts économiques supraétatiques. [...] Contrairement à la mondialisation, qui s'est déployée, tout au long de son évolution, dans un contexte où l'État était le lieu ultime de référence, [...] la globalisation se construit par-dessus les États-nations, qui n'ont plus qu'un rôle de sous-traitants dans la mise en œuvre d'une politique nationale et dans la conduite des affaires du monde » (Gélinas, 2000, p. 42-43).

GOULAG

◆ Terme issu de l'acronyme russe pour *Glavnoïé Oupravlénié Laguereï*, c'est-à-dire « administration générale des camps ». En Union soviétique, camp de travail forcé, le plus souvent situé dans une zone inhospitalière (par exemple, la Sibérie), servant à la rééducation des **dissidents** – selon le **discours** officiel –, mais tenant lieu aussi de peine carcérale pour des citoyens ordinaires ayant contrevenu à de petites règles de la vie courante ou commis des délits mineurs. Instrument clé du système **autoritaire** mis en place en URSS par Staline.

GOUVERNEMENT

◆ Le terme désigne le **pouvoir** qui dirige l'État, ou encore l'**institution** ou les personnes qui exercent ce pouvoir. Le gouvernement détermine les grandes orientations de l'État (la « gouverne »), et donc les grandes orientations législatives. Plus ou moins synonyme de pouvoir **exécutif**, le gouvernement est aussi responsable de la mise en œuvre des lois ; en conséquence, il gère le budget de l'État et contrôle la fonction publique.

Généralement, le gouvernement est confié à un organe collégial dirigé par un chef de gouvernement : en **régime parlementaire**, il s'agit du premier ministre et de son Cabinet ou Conseil des ministres, alors qu'en **régime présidentiel**, il s'agit du président et de ses conseillers ou secrétaires (bien que dans ce dernier régime, le président soit seul responsable du gouvernement). Selon le contexte, le même terme peut aussi désigner une manière de diriger (un gouvernement de droite, républicain, progressiste, etc.).

◆ Dans un sens plus large, le terme gouvernement peut aussi désigner l'ensemble des pouvoirs publics, ou encore l'ensemble de l'appareil gouvernemental.

⇨ EXÉCUTIF.

GOUVERNEMENT MAJORITAIRE

◆ En **régime parlementaire** de type britannique, qualifie le **gouverne-ment** qui dispose d'une majorité absolue (50 % et plus) des **sièges** ou des voix au **Parlement**. Dans de telles circonstances, considérant la discipline de parti, l'**exécutif**, soit le **premier ministre** et son **Cabinet**, contrôle le **législatif**.

GOUVERNEMENT MINORITAIRE

◆ En **régime parlementaire** de type britannique, qualifie un **gouverne-ment** qui ne dispose pas d'une majorité absolue des **sièges** ou des voix au **Parlement**. Pour gouverner, le **premier ministre** et son **Cabinet** doivent négocier et avoir l'appui d'un ou de plusieurs tiers partis pour former une majorité absolue. Dans de telles circonstances, l'**exécutif** est en position précaire et est tributaire du **législatif**.

GOUVERNEUR GÉNÉRAL

◆ Représentant de la Couronne au Canada. La reine étant le **chef d'État**, c'est le gouverneur général qui exerce ses fonctions. En principe, il nomme le **premier ministre** et les **ministres**, convoque, proroge et dissout le **Parlement**, convoque les élections générales, peut désavouer une loi provinciale (ce dernier pouvoir étant tombé en désuétude), etc. Dans les faits, il n'agit que sur l'avis du premier ministre, ses fonctions étant protocolaires et son rôle, qui consiste entre autres à favoriser l'unité canadienne, purement symbolique.

⇨ MONARCHIE CONSTITUTIONNELLE, SANCTION ROYALE.

GROUPE DE PRESSION

◆ Organisation qui possède donc un *membership*, un budget, des statuts et règlements, des dirigeants, et qui a pour but la défense et la promotion de certains intérêts, de certaines valeurs ou idées. Contrairement aux **partis politiques**, qui visent à prendre et à exercer le pouvoir, les groupes de pression ne cherchent qu'à influencer le pouvoir et ceux qui le détiennent.

Ils peuvent agir directement sur les autorités politiques ou indirectement en influençant l'opinion publique, soit pour obtenir des décisions conformes à leurs intérêts, soit pour s'opposer à des décisions qui iraient à l'encontre de ces mêmes intérêts. Les moyens utilisés sont très diversifiés : contacts directs avec les autorités, campagnes médiatiques (dans les journaux, à la télévision, sur des panneaux-réclames, etc.), manifestations de rue, pétitions, etc.

La diversité et la complexité des sociétés modernes ont conduit à la multiplication des groupes de pression, **acteurs** politiques devenus omniprésents. Un simple coup d'œil sur l'actualité politique journalistique permet de le constater. Synonymes : groupe d'intérêt et groupe intermédiaire.

⇨ LOBBY.

GROUPE PARLEMENTAIRE

◆ Au Québec, le statut de groupe parlementaire (anciennement « parti politique reconnu ») de même que les droits et privilèges qui l'accompagnent sont reconnus à « tout groupe composé d'au moins 12 **députés** élus sous la bannière d'un même parti politique, ou encore à tout groupe de députés élus sous la bannière d'un parti qui a obtenu au moins 20 % des voix aux plus récentes élections générales » (*Votre Assemblée*, 1985).

GUÉRILLA

◆ Terme emprunté à l'espagnol désignant une milice clandestine qui, dans un pays donné, fait partie de l'**opposition** au régime en place, entreprend des actions armées afin de déstabiliser le gouvernement et compte, avec les complicités de la population, le renverser. Les actions de la guérilla sont menées depuis le maquis (au sens propre, les buissons ; par extension, la forêt, les campagnes, les montagnes, etc.) ou encore depuis diverses cachettes situées dans les villes. Très souvent, les guérillas sont une des expressions de la **lutte de libération nationale** et du mouvement anti-impérialiste. On les a vues à l'œuvre surtout en Amérique latine, en Afrique et en Asie.

◆ L'action elle-même de la guérilla, le combat systématique qu'elle livre. Guerre de harcèlement. Exemples : guérilla judiciaire, guérilla sanglante, guérilla urbaine.

GUÉRILLERO

◆ Combattant au service de la guérilla.

⇨ PARTISAN.

GUERRE

◆ Affrontement armé entre deux pays ou plus. Selon Karl von Clausewitz, « la guerre est la continuation de la politique par d'autres moyens », c'est-à-dire qu'elle est un instrument utilisé par un État pour imposer sa volonté à un autre État, lorsque la force semble être le seul moyen pour le premier d'arriver à ses fins.

Lorsqu'il est combiné avec un adjectif (comme civil, froid, psychologique, saint, etc.), le terme guerre peut prendre un sens différent (voir plus bas).

GUERRE CIVILE

◆ L'adjectif « civil » désigne ici les rapports entre les citoyens. **Guerre civile** signifie : conflit armé qui oppose de vastes groupes de citoyens, dans un pays donné. Cette lutte armée peut s'appuyer, par exemple, sur des **antagonismes** ethniques (Bosnie), idéologiques (Espagne, 1936-1939), de classes sociales (l'analyse que fait Karl Marx de la guerre civile en France, en 1871), etc.

◆ Dans un sens plus étroit, guerre civile peut désigner une situation d'affrontement armé entre le gouvernement d'un État et une opposition interne, organisée en vue d'une insurrection. Contrairement au **coup d'État**, la guerre civile met aux prises de larges segments de la population.

GUERRE FROIDE

◆ Expression désignant le conflit qui a opposé, de 1947 à 1989, le bloc soviétique au bloc américain et dans lequel chacune des deux superpuissances, tout en cherchant à soumettre l'autre, a évité systématiquement les affrontements armés directs avec elle (guerre chaude). En effet, à l'époque du nucléaire, toute escalade dans l'emploi de la force risque de conduire à l'anéantissement des deux Grands, voire de l'humanité entière. D'où le sigle MAD : *mutual assured destruction*.

« La coexistence pacifique n'est guère plus, au départ, que l'existence simultanée, pendant un certain laps de temps, de deux États ou de deux systèmes d'État dont chacun voudrait détruire l'autre, mais sait qu'il ne le peut pas. [...] Alors les belligérants cherchent à marquer le maximum de points en employant toutes les ressources de l'intimidation, de la propagande, de la subversion, voire de la guerre locale, mais en étant bien déterminés à éviter de se trouver impliqués dans des opérations armées les mettant directement aux prises » (*Encyclopædia Universalis*).

GUERRE PSYCHOLOGIQUE

◆ Offensive idéologique conduite contre une armée et une population ennemies, dans le but de saper leur moral et d'amoindrir leur volonté de combattre. Les divers moyens employés dans ce cadre, en particulier la **propagande** diffusée dans les médias, doivent miner la cohésion de l'adversaire et ronger sa détermination.

Exemples : la propagande diffusée depuis la Floride par les organisations anti-castristes et dirigée vers les Cubains, dénonçant non seulement le régime en place, mais aussi le modèle alternatif de développement, le discours critique face aux États-Unis et les acquis de la Révolution cubaine.

GUERRE SAINTE

◆ Lutte armée menée par des croyants d'une confession donnée, contre les infidèles, en vue de sa propagation et conduisant à l'élimination physique de ces derniers. Par exemple, croisades chrétiennes du Moyen Âge, *jihad* islamique mené aujourd'hui par certains groupes d'intégristes musulmans, etc.

GUILLOTINE PARLEMENTAIRE

⇨ BAÎLLON.

H

HABEAS CORPUS

◆ Du latin « que tu aies un corps » (*ad subjiciendum*, à produire devant la justice). Droit qui permettait à tout individu emprisonné de se présenter devant un juge, lequel devait décider, après audience, de procéder ou non à la mise en accusation. En 1679, le *Habeas corpus Act* britannique, qui conduira à la présomption d'innocence, représente un pas important dans l'établissement des droits de l'homme, mettant fin à une forme d'abus de pouvoir : l'arrestation et la détention arbitraire.

HÉGÉMONIE

◆ Influence prééminente, autorité qu'exerce un groupe (parti, classe, etc.) sur la vie politique ou sur la société.

En relations internationales, suprématie d'un acteur (État, peuple...) sur d'autres. Exemple : « Les États-Unis, puissance hégémonique... ».

⇨ UNIPOLARITÉ.

HIÉRARCHIE

◆ Désigne un ordre de répartition de l'autorité ou des pouvoirs nécessairement inégalitaire (et par conséquent désigne un ordre de subordination) au sein d'une **institution** ou d'une organisation. Ainsi, on parlera de hiérarchie militaire, cléricale, sociale, administrative, etc.

HOLOCAUSTE

◆ Du latin *holocaustum*, « sacrifice dans lequel la victime offerte à Dieu est entièrement consumée par le feu » (Rey, 1992, p. 967). Massacre d'individus pratiqué à très large échelle. Exemple : holocauste nucléaire, soit l'anéantissement de millions de vies humaines découlant de l'utilisation de l'arme atomique dans le cadre d'un conflit international. « L'Holocauste » : le **génocide** des Juifs perpétré par les nazis et leurs collaborateurs.

HOMOPHOBIE

◆ Peur des homosexuels ; hostilité à leur égard. Rejet de l'homosexualité.

I

IDENTITÉ

◆ **Identité collective** : nom par lequel un groupe ou un **peuple** se désigne, la description qu'il donne de lui-même et qui le différencie des autres, les termes selon lesquels il veut être reconnu, nommé, défini. Pour décrire cette identité, un groupe pourra invoquer divers traits :

le territoire, la langue, la religion, les ancêtres, l'histoire, la civilisation, la **race**, l'**ethnie**, la culture, etc.

◆ **Tensions et conflits identitaires** : dans la plupart des pays de la planète, on trouve plusieurs identités collectives plutôt qu'une seule. Ceci peut s'expliquer par le caractère arbitraire des **frontières** d'un État, la cœxistence de deux **nations** (ou davantage) sur le territoire, la présence de minorités nationales, une forte immigration venant d'un pays donné, etc. Très souvent, ce phénomène entraîne des tensions, voire des conflits. Par exemple, ici : crise entre Amérindiens et Blancs en 1990 (Kanesatake, Kanawake), question nationale québécoise versus unité canadienne, conflits linguistiques au Québec (minorité anglophone versus majorité francophone), etc. Parfois combinées avec d'autres difficultés (économiques, entre autres), ces tensions peuvent mener à l'éclatement des États (URSS, Yougoslavie). Dans d'autres cas, elles débouchent sur l'aménagement de diverses formes de cœxistence : **confédération**, **fédération**, territoire autonome, statut particulier, etc.

⇨ ALTÉRITÉ, ETHNIE, NATION.

IDÉOLOGIE
◆ Système plus ou moins organisé d'idées, de points de vue, de croyances, de mythes sur l'homme, l'histoire, la société, le politique, l'économie, etc., qui influence et oriente les attitudes et les comportements des individus et des collectivités. Se développant dans un contexte historique donné, toute idéologie « exprime les intérêts et les aspirations d'une force sociale plus ou moins organisée [...] implique une critique plus ou moins globale et radicale de l'ordre social présent [...] une vue du futur, un idéal, un modèle à protéger, à restaurer ou à réaliser [...] un programme d'action, c'est-à-dire un ensemble de moyens jugés efficaces pour accomplir la fin proposée ... » (*Idéologies et régimes politiques*, 1992, p. 7).

Faisant l'apologie de certaines valeurs présentées comme impératives et universelles (la liberté, la suprématie raciale, la justice, le respect de la loi et de l'ordre, la démocratie, etc.), les idéologies ont une charge émotive et, souvent, exaltent les passions.

Véhiculées et partagées par des **acteurs** politiques (citoyens, intellectuels, mouvements sociaux, partis politiques, peuples) et liées plus ou moins directement à leurs intérêts, les idéologies sont au cœur de la dynamique politique, des conflits, des rapports de pouvoir.

Les termes désignant une idéologie finissent généralement par le suffixe -isme : nationalisme, féminisme, conservatisme, socialisme, néo-libéralisme, etc.

⇨ GAUCHE, DROITE, PROGRESSISTE, RÉACTIONNAIRE, UTOPIE, ETC.

IMMUNITÉ

◆ Exemption, dispense, prérogative permettant d'échapper à diverses charges (d'ordre fiscal, criminel, etc.).

◆ **Immunité diplomatique** : privilège accordé par un État à certaines personnes, dans des circonstances particulières (diplomate étranger en visite officielle, ambassadeur, consul, etc.) afin de leur garantir toute la latitude dans l'exercice de leurs fonctions ainsi que pour préserver totalement leur intégrité, non seulement physique, mais aussi devant l'appareil judiciaire.

◆ **Immunité parlementaire** : privilège des parlementaires britanniques, instauré dès le début du XVIIIe siècle, qui permettait aux élus de s'exprimer librement à l'intérieur du Parlement, sans avoir à subir de menace de poursuite de la part du monarque. L'immunité parlementaire marque donc le début de l'indépendance du **Parlement** face à la **monarchie** et constitue une des bases de la démocratie parlementaire.

IMPÉRIALISME

◆ Politique adoptée par un pays qui cherche à soumettre d'autres pays, à les placer sous sa domination, à exploiter leurs ressources. À l'époque coloniale, l'impérialisme des puissances européennes consistait à assujettir un grand nombre de peuples et de territoires (colonies) pour les intégrer dans un empire et ainsi enrichir la métropole. À l'époque contemporaine, on emploie le terme « impérialisme » pour parler de l'action contraignante d'un État fort sur un État faible, que celle-ci soit de nature économique, culturelle, militaire, idéologique, etc. Expressions ou termes associés : **néocolonialisme**, nationalisme de grande puissance, expansionnisme.

◆ Objet d'une théorie élaborée par des auteurs marxistes (dont V. I. Lénine), selon laquelle les pays capitalistes sont entrés, depuis le tournant du siècle, dans une phase où leur expansion économique dépend absolument de l'extension de leurs marchés à des territoires périphériques. « L'exploitation des pays tiers est nécessaire à la prospérité des pays capitalistes avancés pour trois séries de raisons : 1) la recherche de débouchés extérieurs [...] ; 2) les pays pauvres fournissent des matières premières à bas prix pour les pays capitalistes [...] ; 3) la baisse du taux de profit dans les pays capitalistes est compensée par les surprofits réalisés dans les pays moins avancés » (Albertini et Silem, 1995, p. 306).

IMPLOSION

◆ « Explosion dirigée vers l'intérieur ; irruption d'un fluide dans une enceinte dont la pression est beaucoup plus faible que la pression extérieure (implosion d'un tube de télévision) » (Rey, 1992, p. 1003).

Terme emprunté à la physique, qui désigne en relations internationales l'effondrement, le démembrement, la dissolution d'un **État** et d'une société, livrés à la **guerre civile**, à l'**anarchie** ou encore à la poigne de fer d'une **puissance** étrangère.

INDÉPENDANCE

◆ Le fait d'être libre, autonome, ou encore soumis à nul autre. L'indépendance politique de l'État se traduit, sur le plan juridique, par la **souveraineté**, l'État indépendant étant le seul à faire des lois sur son territoire.

L'accession à l'indépendance politique a notamment été l'objet de revendications et de **luttes de libération nationale** dans les territoires coloniaux au XIXᵉ siècle (en Amérique latine, par exemple) et au XXᵉ siècle (période de **décolonisation** en Afrique et en Asie).

INDICE DE DÉVELOPPEMENT HUMAIN (IDH)

◆ Mesure statistique élaborée grâce à la combinaison de plusieurs indicateurs (espérance de vie, taux d'alphabétisation, taux de scolarisation, pouvoir d'achat moyen, etc.) et servant à comparer, d'un État à l'autre, ce qu'on pourrait appeler le « degré de développement » ou même, à la limite, la « qualité de vie ». Conçu par le Programme des Nations Unies pour le développement (PNUD), cet outil participe d'une définition du **développement** beaucoup plus large que celle basée sur la puissance économique des pays : il se propose de mesurer les progrès accomplis par les 193 États de la planète dans leur lutte contre les inégalités sociales.

INGÉRENCE

◆ Action de se mêler des affaires d'autrui, de violer la **souveraineté** d'un individu, d'un **peuple**, d'un **État**. Exemples : ingérence d'une entreprise (privée ou publique) dans la vie privée d'une personne, ingérence d'un **chef d'État** dans la politique intérieure d'un autre pays.

En **relations internationales**, l'ingérence est une pratique unanimement condamnée par les États et les gouvernements de la planète qui invoquent tous le principe de souveraineté ou de non-ingérence dans leurs affaires internes. Malgré cela, le phénomène s'observe très souvent, sous des dehors plus ou moins habiles (selon les cas) : mainmise des États-Unis sur l'Amérique centrale, condamnation et **embargo** décidés par maints États contre le régime de l'**apartheid** en Afrique du Sud, etc.

⇨ INTERVENTION.

INITIATIVE LÉGISLATIVE

◆ Pouvoir de concevoir et de proposer des projets de loi. En **régime parlementaire**, comme au Canada et au Québec, ce pouvoir appartient à l'**exécutif** (initiative gouvernementale) bien que des **députés** puissent aussi proposer formellement des projets de loi (initiative parlementaire). Dans un **régime présidentiel**, et c'est le cas aux États-Unis par exemple, ce pouvoir appartient à la fois à l'exécutif et au **législatif**, voire au **peuple**. En effet, dans certains États américains, le peuple peut, en respectant des modalités précises, soumettre une proposition de loi aux autorités en vue de sa discussion et de son adoption par celles-ci.

INJONCTION

◆ Au sens large, commandement, sommation.

◆ En termes juridiques, à la suite de la requête d'une partie, ordre donné par un juge à une autre partie ou à un tiers. L'injonction est exécutoire.

INSTITUTION

◆ Dans le langage de tous les jours, on utilise le terme « institution » pour parler d'un lieu physique, d'un établissement. Exemples : « Cette enseignante a décidé d'ouvrir sa propre institution » ou encore « Ce bénéficiaire vit en institution depuis 10 ans ». Ce premier sens est peu utile en science politique.

◆ En sciences sociales, on entend par institutions les organisations ou structures fondamentales des sociétés humaines qui jouent un rôle de régulation et qui assurent donc un certain contrôle sur les individus. C'est le cas, par exemple, de la famille, de l'école, de la religion, de l'**État**, du **marché**, etc. Dans chaque cas, des normes sont prédéterminées, de même que des rôles, des modèles de comportement, une hiérarchie, des sanctions, etc., dont le but ultime est d'assurer la continuité de la société en question.

◆ **Institutions politiques** : ensemble des structures formelles mises en place dans un pays donné afin d'asseoir l'autorité de l'État et d'articuler les pouvoirs exécutif, législatif et judiciaire. Exemples : Constitution, lois, Parlement, système électoral, etc. L'étude des institutions est fondamentale pour déterminer et comprendre la nature d'un **régime** politique, quel qu'il soit.

INSURRECTION

◆ Soulèvement armé d'une partie importante de la population, dans le but de renverser le pouvoir établi.

⇨ RÉVOLUTION.

INTÉGRISME

◆ Dans le domaine religieux, courant qui propose une interprétation étroite et doctrinaire des textes sacrés, valorisant énormément la tradition et n'admettant pas la nouveauté, l'évolution, le modernisme. Exemple : intégrisme catholique. Autre exemple : Depuis le début du XXe siècle, on assiste dans l'aire arabo-musulmane au développement d'un intégrisme islamique, présenté d'abord comme une solution au colonialisme européen et ensuite comme un remède à l'échec économique, politique et social du mode de développement occidental dans les pays musulmans. Synonyme : fondamentalisme.

◆ Dans le domaine politique, intransigeance et **extrémisme** mis de l'avant par certains acteurs. Exemple : intégrisme nationaliste.

INTELLECTUELS

◆ Groupe d'individus dans la société dont il est très difficile de définir précisément les contours. Tout en sachant que leur vie est essentiellement consacrée aux activités de l'esprit, on s'entend aussi – généralement – pour dire des intellectuels qu'ils ont cette aptitude, de par leur culture immense, leur sens critique, leur capacité de réflexion et leur engagement, à soulever des débats, à poser des questions de fond, à ébranler les certitudes. Ni experts, ni savants, ni spécialistes, les intellectuels sont des **citoyens** au sens fort du terme, mus – en principe – par la raison et par leurs convictions, qui jouent pleinement leur rôle lorsqu'ils prennent publiquement la parole sur de grands problèmes qui agitent la société.

INTERNATIONALISME

◆ Tendance politique selon laquelle c'est à l'humanité entière qu'un individu doit revendiquer son appartenance. Souvent invoqué par opposition au **nationalisme** qui, lui, suppose une forte identification à la **nation**, l'internationalisme met de l'avant la collaboration des peuples de la planète, voire leur union.

Faire de tous les peuples de la Terre la référence première de sa pensée ou de son action est chose fréquente chez les adeptes de la coopération et de la solidarité internationales, mais aussi chez les partisans du **socialisme**, du **marxisme** ou encore de l'**écologisme**.

INTERVENTION

◆ Action de prendre part à, de se mêler de. En science politique, il est nécessaire de distinguer deux significations, fort courantes :

◆ À l'échelon national : le plus souvent, désigne l'action de l'**État** dans un domaine ou un autre appartenant à la **politique intérieure** (économie, droit, vie sociale, vie politique, etc.). Exemples de formes variées d'interventions de l'État : interdiction des machines de vidéopoker au Nouveau-Brunswick ; adoption d'une réforme du Code du travail au Québec ; création par le gouvernement du Québec de places en garderie à cinq dollars par jour, etc.

◆ À l'échelon international : implication d'un État dans un conflit ou une crise se déroulant à l'extérieur de ses **frontières**. Les formes d'une telle intervention peuvent être multiples : efforts de médiation, action politique et diplomatique en faveur d'une des parties, envoi de matériel ou de personnel, déclaration de guerre, etc.

INTERVENTIONNISME

◆ À l'échelon national : en économie (au sens large), philosophie en vertu de laquelle l'intérêt du plus grand nombre, la prospérité et le développement passent par une implication active de l'**État** dans une très grande variété de secteurs, afin de « civiliser » le **capitalisme** qui, lui, aurait une propension naturelle à la concentration de la richesse et à l'**exploitation** de l'homme par l'homme.

⇨ ÉTAT PROVIDENCE, KEYNÉSIEN.

◆ À l'échelon international : en politique étrangère, **doctrine** selon laquelle les intérêts nationaux d'un État lui commandent d'être actif sur la scène internationale, c'est-à-dire d'être membre d'**organisations intergouvernementales**, d'adhérer à des **alliances** militaires, de conclure des **traités**, d'investir des sommes considérables en aide au **développement**, de suivre de très près les conflits outre-mer, voire d'y participer. Contraire d'**isolationnisme**.

INTIFADA

◆ Signifie « Révolte des pierres ». Soulèvement de Palestiniens, principalement des jeunes, armés essentiellement de pierres, de lance-pierres et de cocktails Molotov, contre l'occupant israélien qui, lui, dispose d'armes puissantes, sophistiquées, et des équipements modernes de répression. Une des phases de la **lutte de libération nationale** du peuple palestinien contre l'État d'Israël (1987-1992).

Ce soulèvement reprend en 2000 et s'aggrave en 2001, étant donné la poursuite **unilatérale** de l'implantation de colonies juives par l'État d'Israël dans les territoires occupés, et par suite du refus de ce même État de mettre en application les accords d'Oslo qu'il a conclus en 1993 et 1995 avec l'Organisation de libération de la Palestine sous l'égide de gouvernements occidentaux. Certains auteurs parlent en ce cas d'intifada II.

ISLAM

◆ Une des trois grandes religions monothéistes (avec le judaïsme et le christianisme). Fondé au VIIᵉ siècle par le prophète arabe Muhammad (Mahomet, en français), l'islam est basé sur le Coran (« Al Qur'an », en arabe), saintes écritures révélées au prophète par Allah (Dieu, en arabe).

« Le même terme désigne aussi l'ensemble de la communauté des croyants dite aussi *Umma*. Initialement, il s'agit des Arabes proche et moyen-orientaux, qui vont ensuite occuper et arabiser l'Afrique du Nord. L'Islam s'étend par la suite en Afrique noire, en Turquie, en Asie centrale et en Extrême-Orient. Aujourd'hui, on compte 1212 millions de **musulmans** (de l'arabe *moslin*, croyant ou fidèle), dont la grande majorité est asiatique (838 millions) » (Kaïdi, 1995, p. 60).

L'Islam fut aussi, du VIIᵉ au XIIᵉ siècle, une puissance politique à la base d'un **empire** imposant, une culture florissante et un foyer important de civilisation.

ISLAMISME

◆ Synonyme : **intégrisme** musulman. Dans le monde musulman, courant radical qui met de l'avant, dans l'arène politique, le discours religieux (tel qu'on le retrouve dans le Coran, par exemple) afin de transformer l'État et la société dans le sens prescrit par la loi musulmane (la charia) et les dires du Prophète (hadith).

L'islamisme s'affirme très souvent comme une force dynamique de changement politique ; il peut même parfois se présenter sous des traits progressistes. Son discours peut paraître séduisant devant l'**impérialisme** déployé au Moyen-Orient par les puissances occidentales et Israël, la faillite des grands projets laïcs de modernisation (Algérie, Égypte), et le fait que, dans la plupart des pays de l'aire arabo-musulmane, les régimes soient **autoritaires**, corrompus et illégitimes. Sa très grande popularité s'explique non seulement par ce caractère modernisateur, mais aussi par l'implication active des réseaux islamistes dans la vie sociale et communautaire, où ceux-ci se substituent à un État impotent en offrant toute une gamme de services (santé, éducation, logement, aide juridique, etc.).

Cependant, l'expérience montre que dans les pays où il s'est hissé au sommet du pouvoir (Iran, Afghanistan, Soudan) et ceux où il a failli y parvenir (Algérie), l'islamisme véhicule lui aussi un projet autoritaire... Non seulement rejette-t-il la démocratie, mais il épouse aussi les idées d'élitisme économique et d'accumulation que sous-tend la logique capitaliste mondiale et nuit au développement, notamment en bloquant l'émancipation des femmes.

ISOLATIONNISME

◆ En relations internationales, **doctrine** voulant que les intérêts d'un État soient le mieux servis lorsque celui-ci limite strictement son action, en **politique étrangère**, aux seules questions qui concernent sa **zone d'influence** ou son territoire national. Un État qui adopte comme ligne de conduite l'isolationnisme refusera de se mêler des enjeux dont le théâtre est situé loin de son territoire national ou au-delà de sa sphère d'influence. Un tel repli sur les affaires internes et régionales a été pratiqué notamment par les États-Unis au XIXe siècle – et de façon intermittente au XXe siècle –, dans la foulée de l'adoption, par le gouvernement américain, de la doctrine Monroe.

J

JIHAD

◆ Terme arabe signifiant « effort tendu vers un but déterminé » (Ballanfat, 1988, p. 72). Sur la scène politique internationale, le mot désigne la **guerre sainte**, soit l'action violente de certains individus, groupes ou même États, issus du **monde musulman**, contre les Infidèles, c'est-à-dire les gouvernements occidentaux – et tous ceux représentant leurs intérêts – poursuivant une politique hostile (**impérialisme**, **sionisme**, etc.) à l'égard de l'**Islam** ou des peuples de l'aire arabo-musulmane. Le jihad correspondrait au devoir de chaque musulman de protéger l'Islam de ses ennemis et même – selon certaines interprétations – de faire partager sa foi religieuse par d'autres, de repousser sans cesse les frontières du monde musulman.

JUDICIAIRE

◆ Troisième type de pouvoir de l'État (les deux autres étant l'exécutif et le législatif), voué à la justice et à son administration. Le pouvoir judiciaire a pour tâches de voir au respect des lois et à leur interprétation.

Au Canada, le pouvoir judiciaire est une structure hiérarchique ayant, à son sommet, la Cour suprême (tribunal de dernière instance qui a aussi le pouvoir d'interpréter la Constitution). On peut y faire appel des décisions rendues par les cours d'appel provinciales. Dans chacune des provinces, on trouve : une cour d'appel, une cour supérieure, une cour provinciale, des cours des sessions de la paix, des cours municipales, etc.

JURIDICTION

◆ Dans le langage courant, synonyme de **pouvoir**, d'**autorité** ou encore de **souveraineté**. Au Canada, le terme est utilisé pour désigner les **compétences législatives** des deux paliers de gouvernement. On dira, par exemple, que la Défense nationale est sous juridiction fédérale ou que l'éducation est de juridiction provinciale.

JUSTICE SOCIALE

◆ Renvoie à l'idéal suivant : l'élimination de toutes les formes que prend l'inégalité entre les êtres humains, principalement celles qui ne sont pas interdites par le droit ou par la notion d'égalité devant la loi. On pense donc à l'égalité d'accès aux ressources (économiques, naturelles, du savoir, etc.), l'égalité du revenu, l'égalité du niveau et de la qualité de vie, l'égalité dans l'accès à l'éducation, à la santé, aux loisirs, etc. Dans les relations entre les êtres humains, la justice sociale est donc ce qui, le plus souvent, échappe à la justice tout court (tribunaux, lois, etc.) mais tombe sous le **politique**, puisqu'elle soulève de nombreux débats de société et, notamment, la question de l'**intervention** de l'État.

K

KEYNÉSIEN

◆ Relatif aux théories économiques de John Maynard Keynes, publiées dans les années 30, donc en pleine dépression. Pour lutter contre le sous-emploi, Keynes proposait une série d'**interventions** de la part des pouvoirs publics, sans fondamentalement remettre en question le **capitalisme** : politique fiscale et monétaire favorisant la consommation, incitatifs visant à développer la production, bref, présence active de l'État dans l'économie (investissements publics, recherche du plein-emploi, mesures sociales, etc.). Très populaires durant près d'une quarantaine d'années dans les pays capitalistes avancés, les idées de Keynes sont aujourd'hui battues en brèche par le **néolibéralisme**.

L

LAÏCITÉ
◆ Principe de la séparation de l'Église et de l'État, l'Église n'ayant aucun pouvoir politique statutaire (ni **privilège** économique ou social), et les questions religieuses relevant de la vie privée où l'État n'intervient pas. Par extension, on qualifie de laïque toute **institution** ou organisation indépendante de l'Église ou du clergé.

LÉGISLATEUR
◆ Personne qui fait des lois.
⇨ LÉGISLATIF.

LÉGISLATIF
◆ Un des trois pouvoirs de l'État, dont le rôle est de légiférer, c'est-à-dire de faire des lois. On peut « découper » cette fonction législative en plusieurs étapes : l'initiative (l'élaboration d'un projet de loi et sa proposition), la discussion, l'amendement (ou modification), puis l'adoption.

D'un pays à l'autre, le titulaire du pouvoir législatif peut varier, selon la nature du régime en place. Ce peut être le chef d'État et son entourage (dictature), ou une assemblée de représentants du peuple (démocratie représentative), ou le peuple et une assemblée de représentants (démocratie semi-directe). Au Canada, le pouvoir législatif appartient au Parlement. Toutefois, l'initiative législative revient plus souvent qu'autrement au pouvoir exécutif, situation habituelle en régime de collaboration des pouvoirs.

LÉGISLATURE

◆ Au Canada, désigne le temps, entre deux élections générales, où une assemblée législative exerce ses fonctions.

Anciennement, au Québec comme au Canada, le terme désignait l'ensemble des institutions qui exerçaient le pouvoir législatif. C'est le cas, par exemple, à l'article 92 de l'**Acte de l'Amérique du Nord britannique**, où il est question des « pouvoirs exclusifs des législatures provinciales ».

LÉGITIMITÉ

◆ Qualité de ce qui est juste et moralement acceptable. Terme souvent employé par opposition à légalité ; en effet, certaines lois, bien qu'en vigueur, peuvent sembler non fondées, inéquitables et déraisonnables aux yeux de la population. Celle-ci dira alors qu'elles sont illégitimes.

« La légitimité peut donc s'opposer à la légalité lorsque le gouvernement trahit la nation » (Julia, 1984, p. 152). Dans le même ordre d'idées, un gouvernement illégal, formé à la suite d'un coup d'État ou d'une révolution, peut devenir légitime, après un certain temps (exemple : l'Égypte du colonel Nasser et du mouvement des Officiers libres, durant les premières années qui ont suivi le coup d'État de juillet 1952).

◆ Sur quoi repose l'**autorité** des gouvernants ? Pourquoi consent-on assez volontiers à leur **pouvoir** ? Le sociologue Max Weber distingue trois types de légitimité. D'abord, la légitimité traditionnelle : si le **régime** en place fonctionne et procède de telle façon, c'est qu'il en a toujours été ainsi depuis des siècles, voire des millénaires. C'est une règle admise (et transmise) de génération en génération qui détermine qui peut et doit être dirigeant. En second lieu, la légitimité charismatique : ici, ce sont les qualités personnelles du chef (grâce, séduction, charme) qui le font apparaître comme un guide, un sauveur, et lui donnent un ascendant considérable sur la population. Celle-ci a la sensation de vivre avec le leader en une sorte de communauté émotionnelle. Enfin, la légitimité rationnelle/légale : la gestion du **politique** et les **lois** en vigueur sont le résultat du choix conscient des citoyens. Ceux-ci usent de leur raison en déléguant leur pouvoir à des législateurs qui établissent « des règles dont les finalités sont explicites, les modalités discutables, et le contenu révisable » (Denquin, 1985, p. 135).

LIBÉRAL

◆ Au sens large, favorable aux libertés individuelles dans différents domaines, qu'il s'agisse des idées, des croyances, des attitudes, des choix politiques, etc. Cela dit, d'importantes distinctions doivent être faites entre être libéral au plan de la morale et le fait d'être partisan du **libéralisme politique** ou du **libéralisme économique.**

◆ De façon plus précise, tenant du **libéralisme.**

LIBÉRALISME

◆ **Idéologie** qui privilégie la liberté individuelle et la propriété privée, deux droits considérés comme « naturels et inaliénables ». La protection de ces droits devient la raison d'être de la vie en société et le rôle principal, sinon exclusif, de l'État.

Le libéralisme s'est développé en Europe à partir du XVIIᵉ siècle, en réaction à l'**absolutisme** monarchique, à l'**autoritarisme** de l'Église catholique et aux **privilèges** économiques et sociaux attribués à l'**aristocratie** et au clergé.

Le développement des idées maîtresses du libéralisme se situe dans le contexte de l'expansion du **capitalisme** mercantile et industriel, et donc de la **bourgeoisie,** mais aussi dans le contexte de la propagation du protestantisme et du Siècle des lumières en France.

La Glorieuse Révolution de 1689 en Angleterre, la déclaration d'Indépendance des États-Unis d'Amérique en 1776, de même que la Révolution française consacrent le triomphe des idéaux de liberté individuelle, d'égalité devant la loi, de démocratie parlementaire et de laïcité en Occident.

⇨ LIBÉRALISME ÉCONOMIQUE ET LIBÉRALISME POLITIQUE.

LIBÉRALISME ÉCONOMIQUE

◆ Conception et système économiques où la liberté individuelle, l'entreprise privée et le libre jeu des agents économiques ne doivent pas être entravés. Ainsi, l'État ne doit pas intervenir dans l'économie mais « laisser faire » les lois du marché (l'offre et la demande, la libre concurrence, etc.), celles-ci assurant « naturellement » une production maximale et la satisfaction des intérêts de tous (acheteurs et vendeurs, travailleurs et propriétaires d'entreprises, producteurs et consommateurs).

Au XVIIIe siècle, Adam Smith (1723-1790) postule que la poursuite par chacun de ses intérêts matériels personnels conduit à la satisfaction de l'intérêt général. Selon lui, les forces du marché agissent comme une « main invisible » et assurent le bien-être de la société, celle-ci étant réduite à une somme d'individus où chacun est responsable de sa réussite ou de son échec.

Dans un tel système, le rôle de l'État, réduit à celui de gendarme, est de garantir la libre circulation des biens et des capitaux, d'assurer la protection de la propriété et de l'entreprise privée. Le libéralisme économique constitue la base idéologique du système capitaliste.

⟹ CAPITALISME, ÉCONOMIE DE MARCHÉ, ÉTAT-GENDARME ET LIBRE-ÉCHANGE.

LIBÉRALISME POLITIQUE

◆ Conception et **système politiques** qui privilégient les droits et libertés individuels. Le libéralisme politique s'est développé en réaction à l'**absolutisme** monarchique des XVIIe et XVIIIe siècles. Des intellectuels comme John Locke (1632-1704), Montesquieu (1689-1755) et Jean-Jacques Rousseau (1712-1778) conçoivent des projets de société à partir du principe que « tous les hommes naissent libres et égaux » et que la préservation de ces libertés individuelles, de même que de l'égalité des droits, est la raison d'être de la vie en société et de l'existence de l'État.

Parmi les libertés publiques, on trouve les libertés d'opinion, d'expression, de presse, de conscience et de religion (le libéralisme pouvant être synonyme de tolérance à l'égard d'autrui), les libertés d'association et de réunion, etc.

Le libéralisme politique prône donc de limiter les pouvoirs de l'État par le moyen de **constitutions** et de chartes des droits et libertés de la personne conçues comme un « contrat social » auquel l'État lui-même est soumis. De plus, la **séparation des pouvoirs** législatif, exécutif et judiciaire, confiés à des institutions différentes et indépendantes, permet d'éviter la concentration et les abus de pouvoir. Enfin, la démocratie électorale ou parlementaire fait en sorte que l'État ne peut prendre de décision sans le consentement du peuple, souverain en dernière instance par la voix de ses représentants.

⟹ ÉTAT DE DROIT ET PLURALISME.

LIBERTAIRE

◆ Qualifie diverses tendances politiques opposées plus ou moins radicalement à toute forme de limitation de la liberté individuelle et à toute forme d'**oppression** ou de domination.

Ne pas confondre avec le **libéralisme économique** : les libertaires rejettent tout autant l'oppression du capital et le salariat (donc l'économie capitaliste) que le pouvoir d'un État centralisateur et l'aliénation par le travail (et donc l'**autoritarisme** d'un certain socialisme). Sur les plans social et culturel, les libertaires sont anticonformistes et rejettent traditions, normes et **institutions**.

Le terme peut être associé à des mouvements aussi divers que le mouvement **anarchiste** du XIXe siècle et à certaines tendances **écologistes** ou **féministes** actuelles.

LIBRE-ÉCHANGE

◆ Système grâce auquel le commerce entre deux ou plusieurs pays ne subit aucune entrave ; ainsi, marchandises, services et capitaux doivent pouvoir circuler librement entre les États, c'est-à-dire sans imposition de taxes, de quotas ou autres barrières commerciales. Deux zones de libre-échange sont très souvent citées en exemple aujourd'hui : l'**ALENA** (voir cette entrée) et l'Accord européen de libre-échange (AELE, comprenant l'Islande, le Liechtenstein, la Norvège et la Suisse). À la différence de ces deux organisations, l'Union européenne (UE) est, entre autres, une **union douanière** et non simplement une zone de libre-échange.

LIEUTENANT-GOUVERNEUR

◆ Représentant de la Couronne dans chacune des **provinces** canadiennes, le lieutenant-gouverneur fait office de **chef d'État**, mais n'agit que sur l'avis du **Conseil des ministres**. Ses fonctions sont protocolaires et son rôle purement symbolique. Au Québec, selon le règlement de l'**Assemblée nationale**, il prononce une allocution au début de chaque **session parlementaire**, convoque, proroge et dissout le **Parlement**, sanctionne les **lois** et ratifie les **règlements**.

⇨ MONARCHIE CONSTITUTIONNELLE, ACTE DE L'AMÉRIQUE DU NORD BRITANNIQUE (1867).

LOBBY

◆ Organisme regroupant des « professionnels » de la pression ou de l'influence (les lobbyistes), qui louent leurs services de façon permanente ou contractuelle et qui interviennent directement ou indirectement auprès des tenants du pouvoir (ministres, députés, maires, etc.), ou auprès de l'opinion publique (par le moyen de campagnes médiatiques, par exemple) en fonction des besoins et des intérêts de ceux qui les engagent.

Le terme anglais lobby signifie « antichambre » ou « salle d'attente » et c'est justement un des endroits privilégiés où œuvraient à l'origine les lobbyistes : ils y attendaient les parlementaires afin de les intercepter à l'entrée ou à la sortie de leur séance de travail, pour mousser leurs intérêts et exercer des pressions sur ces derniers. D'origine américaine (le lobbying étant toujours une pratique très courante aux États-Unis), ce type d'**acteur** politique s'est rapidement étendu dans l'ensemble des démocraties libérales. Au Québec, par exemple, certaines firmes de « consultants » se spécialisent dans ce type d'activité.

LOI

◆ En politique, il s'agit d'une règle de **droit** qui délimite les droits et devoirs d'individus, de groupes ou d'**institutions**, dans un domaine précis d'activité. La loi est sanctionnée par une autorité politique constituée qui la promulgue, la met en application et la fait respecter (fonctions ou pouvoirs **législatif, exécutif** et **judiciaire**). On peut distinguer les lois dites « publiques », générales et impersonnelles s'appliquant à l'ensemble d'une population des lois « privées » qui concernent des individus ou groupes spécifiques.

LOI 101

◆ À la suite des lois 63 (Union nationale, en 1969) et 22 (Parti libéral du Québec, 1974), la loi 101 du gouvernement du Parti québécois est adoptée en 1977 après un long et houleux débat. Dans le but de régler la « question linguistique », cette loi met en place une Charte de la langue française qui fera du français la seule langue officielle au Québec, de même que la langue de l'affichage public (l'unilinguisme remplace donc le **bilinguisme**). Sur le plan scolaire, la loi 101 est coercitive et oblige, entre autres, les nouveaux arrivants à choisir l'école française pour leurs enfants. Cette même charte prévoit une foule de mesures concrètes pour favoriser le français comme langue de travail. Enfin, sont mis sur pied un office et un conseil de la langue française, de même qu'une commission de surveillance (dite « police de la langue »).

La **Loi constitutionnelle de 1982** assurant la primauté des droits individuels au Canada et, nommément, le droit des parents qui sont citoyens canadiens de choisir la langue d'enseignement de leurs enfants, plusieurs parties de la loi 101 seront invalidées par la Cour suprême du Canada (en 1988, par exemple, tout le chapitre sur l'affichage public), obligeant ainsi le gouvernement du Québec à recourir à la **clause dérogatoire** dite « clause nonobstant ».

LOI CONSTITUTIONNELLE DE 1867

⇨ ACTE DE L'AMÉRIQUE DU NORD BRITANNIQUE

LOI CONSTITUTIONNELLE DE 1982

◆ Avec ses 60 articles, la Loi constitutionnelle de 1982 est un ajout majeur à la Constitution canadienne, elle-même composée de plusieurs textes importants (**Acte de l'Amérique du Nord britannique**, **Statut de Westminster**, etc.). Cette loi complète la Constitution canadienne en introduisant notamment les éléments suivants : la **Charte canadienne des droits et libertés**, la reconnaissance des droits des autochtones, ainsi qu'une formule d'amendement. Enfin, la loi de 1982 transfère au Canada la capacité de modifier sa propre Constitution sans passer par Londres : on dit donc qu'il y a eu « rapatriement ».

L'introduction de la loi de 1982 marque un épisode pénible dans l'histoire constitutionnelle du Canada. Elle aura coalisé contre le gouvernement fédéral la presque totalité des forces politiques du Québec. Cette modification à la Constitution s'est faite dans la controverse : non seulement a-t-elle été rejetée par le Parlement québécois, mais aussi la Cour suprême du pays en a-t-elle questionné la **légitimité**. Des observateurs ont parlé d'un « rapatriement unilatéral », d'un « coup de force du gouvernement Trudeau », qui a désormais isolé le Québec de la « famille canadienne ».

Un des principaux griefs du Québec concerne la formule d'amendement. Celle-ci prévoit les règles par lesquelles il est possible, à l'avenir, de modifier la Constitution du pays. La règle générale, s'appliquant à la plupart des articles de la Constitution, dit qu'il faut l'accord d'au moins sept provinces, représentant 50 % ou plus de la population, et l'accord du Parlement canadien, pour modifier la Constitution. Cette façon de faire implique que le Québec n'a pas de droit de *veto*, contrairement à ses prétentions historiques.

LOI DES MESURES DE GUERRE

◆ Loi proclamée le 16 octobre 1970 par le gouvernement du Canada (en pleine **crise d'Octobre**) pour casser les reins du **FLQ** et mettre un terme à son « action terroriste ». Le fédéral a ainsi répondu à la demande d'aide du gouvernement québécois – Robert Bourassa semblait dépassé par les événements – en envoyant l'armée et en autorisant les services policiers à user de larges pouvoirs, le tout au détriment des libertés civiles. Le lendemain, un des deux otages du FLQ perdait la vie alors qu'il était aux mains de ses ravisseurs. À la suite de la proclamation de l'**état d'urgence** (disposition majeure de cette loi), près de 500 personnes furent arrêtées, plus de 3000 perquisitions effectuées, sans compter d'autres interventions policières.

Il s'est avéré que la plupart des victimes de cette répression n'avaient rien à voir avec le FLQ : simples contestataires, parfois souverainistes, ou même purs quidams... On a donc reproché aux auteurs de cette répression d'avoir fait preuve d'incompétence et d'improvisation ; réparation fut demandée. Mais au terme de son application, la Loi des mesures de guerre aura atteint son objectif, les autorités ayant tant intimidé la population et ciblé un si grand nombre de suspects, que sera tuée dans l'œuf, et pour longtemps, toute velléité sérieuse de remise en question radicale de l'ordre établi.

⇨ FLQ, CRISE D'OCTOBRE.

LOI MARTIALE

◆ Mesure d'exception qui suspend les droits et libertés civils, permet le recours à la force armée et peut aller jusqu'au transfert des pouvoirs à l'autorité militaire, et ce, en principe, dans le but de réprimer des désordres intérieurs (**insurrection**, émeute, etc.).

⇨ ÉTAT D'URGENCE ET **LOI DES MESURES DE GUERRE (1970)**.

LUTTE DE LIBÉRATION NATIONALE

◆ Combat mené par un peuple voulant s'affranchir de la domination qu'exerce sur lui une autre nation ou une puissance étrangère. À certaines étapes, peut impliquer l'usage de la violence (lutte armée, guérilla, révolution). Lutte souvent associée à un projet de société progressiste comprenant des revendications à caractère identitaire (langue, culture, etc.), économique, social et politique.

L'histoire internationale contemporaine regorge d'exemples de telles luttes : Irlande du Nord contre Grande-Bretagne, peuple palestinien contre Israël, peuple sud-africain contre le régime raciste mis en place par le colonisateur blanc. Ici même, les **felquistes** ont parlé de la lutte de libération nationale menée par le peuple québécois contre l'impérialisme anglo-saxon incarné par les gouvernements du Canada et des États-Unis, de même que par les **firmes multinationales** installées au Québec.

⇨ DÉCOLONISATION, INDÉPENDANCE, NATIONALISME.

LUTTE DES CLASSES

◆ Selon plusieurs **théories** en sciences humaines, les sociétés se divisent en **classes sociales**. Cependant, les auteurs ne s'entendent ni sur la nature de chacune d'elles, ni sur leur nombre, ni sur le rapport qu'elles entretiennent les unes avec les autres. Certains disent qu'elles sont en concurrence, d'autres prétendent qu'elles s'opposent, d'autres enfin les voient carrément en conflit permanent.

En vertu de la **doctrine** de la lutte des classes (Karl Marx, Friedrich Engels...), « l'histoire de toute société jusqu'à nos jours est l'histoire de la lutte des classes ». Autrement dit, les événements, les décisions des acteurs, les rapports de force dans la société ne sont que l'expression d'un **antagonisme** entre les classes.

Les classes elles-mêmes étant le produit des structures économiques de la société, à chaque système économique (**féodalisme**, **capitalisme**, etc.) correspond une combinaison spécifique de classes (serfs vs seigneurs, prolétaires vs bourgeois, etc.). À chacune des époques, ces classes ont des intérêts divergents : l'une possède les moyens de production, l'autre n'a que sa force de travail. La première, numériquement minoritaire, accapare la richesse et exploite la seconde, majoritaire. « À un certain stade de leur développement », ces rapports sociaux injustes mènent à une **révolution** ; il y a alors passage vers un autre système économique. Ainsi, les marxistes affirment que « la lutte des classes est le moteur de l'histoire ».

⇨ MATÉRIALISME HISTORIQUE.

M

MACHIAVÉLIQUE

◆ Dans le langage courant, synonyme de perfide, retors, rusé.

◆ Qualifie une attitude, une pensée ou une **doctrine** qui s'inspire des **théories** de Nicolas Machiavel (Niccolò Machiavelli, diplomate italien, 1469-1527). Dans *Le Prince*, son ouvrage le plus célèbre, cet auteur prodigue des conseils à un prince fictif sur l'art de prendre et de conserver le pouvoir, et ce, en dehors de toute considération morale ou religieuse ; il prône, entre autres, l'usage de la force (éventuellement de la brutalité), de même que le recours à la ruse et au mensonge ; le prince doit être à la fois « lion et renard ». Cela dit, il est à noter que l'on ne saurait réduire la pensée de cet auteur au machiavélisme et à l'adage selon lequel « la fin justifie les moyens ». Machiavel est aussi l'un des fondateurs de la **science politique** moderne (il dégage ses « conseils » d'une analyse de l'histoire politique), de même qu'un précurseur du **nationalisme** (la « fin », pour Machiavel, était la création d'un **État-nation** italien… en 1513).

MAGISTRAT

◆ Sens usuel : personne qui détient un poste de juge.

◆ Dans un sens plus ancien : toute personne ayant un poste d'autorité dans l'**administration publique** : haut fonctionnaire, grand commis de l'État, administrateur public.

MAJORITÉ

◆ Le terme désigne généralement le regroupement de **suffrages**, de voix, de **votes** ou des votants qui, lors d'une élection ou dans une réunion, l'emporte par le nombre. De façon plus spécifique, le même terme peut aussi désigner, dans une assemblée parlementaire, le ou les partis politiques qui contrôlent la majorité des voix ou des **sièges**.

◆ Il peut s'agir aussi d'une règle au moment d'un vote. Ainsi, la majorité absolue exige plus de la moitié des suffrages exprimés (assurée, s'il n'y a que deux candidats ou options), alors que la majorité rela-tive ou simple ne représente que le plus grand nombre de suffrages exprimés, donc possiblement moins que la majorité absolue (proba-ble, quand il y a plusieurs candidats ou options qui se répartissent les suffrages). Enfin, une majorité qualifiée consiste en un nombre ou un pourcentage de voix déterminé à l'avance (les 2/3 ou 75 %, par exemple).

◆ Le même terme peut enfin désigner l'âge légal à partir duquel une personne est considérée comme responsable et qu'elle peut, par exemple, exercer ses droits civils (tel le droit de vote).

MANDAT
◆ Mission, tâche, responsabilité confiée à une personne, un groupe ou une **institution**.

◆ Période de temps durant laquelle un élu a le droit d'exercer sa fonc-tion. Exemple : le mandat du président des États-Unis est de quatre ans jour pour jour et ne peut être renouvelé qu'une seule fois.

◆ En **relations internationales**, durant l'entre-deux-guerres, le terme sert à désigner le pouvoir confié à une puissance mondiale ou régio-nale d'agir comme tuteur à l'égard de **colonies** ou de **provinces** qui appartenaient aux deux empires défaits entre 1914 et 1918, soit l'Allemagne et l'Empire ottoman. Au lendemain de la Première Guerre mondiale, le souhait de la Société des Nations – ancêtre de l'**ONU** – était que cette tutelle induise dans ces territoires une évolu-tion marquée vers un plus grand degré de « civilisation » et, éven-tuellement, vers l'**indépendance** pure et simple. La formule a connu un succès très mitigé. Exemples : le mandat britannique en Palestine s'est terminé par la création unilatérale de l'État d'Israël en 1948 (ce qui, en définitive, laissa les Palestiniens sans Palestine…) ; la Namibie devient colonie sud-africaine jusqu'en 1990 ; la Papouasie-Nouvelle-Guinée n'obtient son indépendance de l'Australie qu'en 1975.

MANDATAIRE
◆ Personne à qui a été confié un **mandat**. Individu ou organe chargé de remplir une tâche ou d'accomplir une mission.

MANICHÉEN

◆ Qui a tendance à tout concevoir sous l'angle du bien et du mal. Qui cherche à réduire la réalité à une simple opposition entre « les bons » et « les méchants ». Cette épithète, à connotation péjorative, dénote un point de vue simpliste, une opinion faisant abstraction de toute nuance.

MAQUILADORA

◆ Usine d'assemblage installée au Mexique, à proximité de la **frontière** nord, par des entreprises américaines souhaitant profiter de la main-d'œuvre à bon marché disponible au sud du Rio Grande. Les pièces à assembler proviennent des États-Unis et les produits assemblés sont réexpédiés aux États-Unis, où ils subissent une finition et sont mis en marché. Des **firmes multinationales** de plusieurs autres pays développés ont recours elles aussi aux *maquiladoras*, que l'on trouve maintenant dans des **zones franches** un peu partout au Mexique, en Amérique centrale et dans les Antilles.

MARCHÉ

◆ Là où se rencontrent l'offre et la demande. Le marché est, dans les sociétés occidentales, une institution aussi fondamentale que la famille ou l'**État**, une institution qui détermine dans une large mesure plusieurs des rapports entre les êtres humains prenant place dans les économies **capitalistes** : l'embauche, les salaires, le pouvoir d'achat, etc.

Certes un concept central en économie, son usage a toutefois été étendu au-delà de la sphère économique. Ainsi, en sociologie, on dira le « marché matrimonial » pour désigner l'ensemble des célibataires disponibles et disposés à vivre en couple. En science politique, on emploie « marché politique » et plus spécifiquement « marché électoral » pour signifier ce lieu où se livrent concurrence des candidats souhaitant se faire élire en offrant le meilleur programme, et des électeurs s'apprêtant à concéder une partie de leur pouvoir au candidat qui, du point de vue de leurs intérêts personnels, est le plus offrant.

⇨ RAPPORTS MARCHANDS.

MARXISME

◆ Marxisme est un mot dérivé du nom de Karl Marx (1818-1883), philosophe, économiste et homme politique allemand qui, avec Friedrich Engels, formula les bases du **matérialisme historique** et rédigea entre autres le *Manifeste du parti communiste* (1848). Le mot recouvre l'ensemble des théories élaborées par Marx et Engels à partir de 1845-1846, dont le matérialisme **dialectique,** le **socialisme** scientifique et la **lutte des classes** (voir ces termes). On qualifiera de « marxiste » toute grille d'analyse, thèse, conception ou proposition qui s'inspire de ce corpus théorique.

MATÉRIALISME HISTORIQUE

◆ Thèse formulée par Marx (et reprise par beaucoup d'autres) cherchant à expliquer l'évolution des sociétés humaines à travers l'histoire par l'étude des données matérielles et l'utilisation d'un raisonnement **dialectique**. Selon cette approche, l'explication des événements historiques, de leur enchaînement et de leur aboutissement repose sur l'analyse des conditions de vie économiques prévalant dans une société, donc l'analyse des rapports de pouvoir fondés sur le travail, la propriété, le mode de subsistance, etc. Ainsi, les réalités matérielles dans lesquelles les gens vivent, à savoir : les **classes sociales**, le système économique en vigueur, la façon dont la richesse s'accumule, la manière de produire cette richesse, etc., déterminent le cours de l'histoire politique (les projets de société formulés, les idéologies dominantes, les gouvernements successifs, les bouleversements, les révolutions, etc.).

Le matérialisme historique conduit donc à distinguer l'infrastructure de la superstructure, l'étude de la première permettant d'expliquer et de comprendre la seconde. L'infrastructure est la base de la société, son ossature : la structure économique dominante à une époque donnée, le milieu social dans lequel les gens travaillent ou profitent du travail d'autrui, les moyens de production disponibles, etc. La superstructure désigne les idées, les lois, la religion, le régime politique, les institutions en place, etc.

Comme le dit Marx : « Ce n'est donc pas la conscience des hommes qui détermine leur être ; c'est, inversement, leur être social qui détermine leur conscience. »

Le raisonnement **dialectique**, également mis à contribution, veut que la réalité matérielle soit intrinsèquement composée de forces antagoniques et que ces **antagonismes**, dans leur opposition dynamique, provoquent le mouvement perpétuel de l'histoire.

⇨ CONFLIT, LUTTE DES CLASSES, MARXISME.

MERCANTILE

◆ De l'italien *mercante*, marchand. Terme générique pour qualifier tout ce qui est relié au commerce (activité mercantile, politique mercantile, etc.).

◆ Selon le contexte, le même qualificatif peut aussi avoir une connotation péjorative et être synonyme d'esprit boutiquier, de cupidité, etc. Dans ce sens, l'esprit mercantile a tendance à tout évaluer sous l'angle de profits et de pertes, sans autres considérations (humaines, sociales, éthiques, environnementales, etc.).

⇨ MARCHÉ, RAPPORTS MARCHANDS.

MERCANTILISME

◆ **Doctrine** et système économiques qui se sont développés dans le contexte des grandes découvertes et de l'expansion du commerce international aux XVIe et XVIIe siècles. Cette doctrine établit un lien direct entre l'accumulation de richesses (or, argent, etc.) et la puissance nationale. Toujours selon les théories mercantilistes, la **métropole** doit favoriser l'accaparement des ressources naturelles des colonies et l'augmentation maximale de ses propres exportations (c'est-à-dire, maintenir une puissante marine de guerre, conquérir des sources d'approvisionnement, des débouchés pour la production nationale, etc.), tout en établissant des mesures protectionnistes.

MESSIANISME

◆ Toute philosophie, croyance ou **idéologie** annonçant la venue prochaine du « salut », d'un « âge d'or » de l'humanité. Par extension, tendance chez un individu à se croire investi d'une mission sacrée.

MÉTIS

◆ Individu dont le père et la mère sont de **races** différentes. Exemple : enfant né d'un père amérindien et d'une mère blanche.

◆ Communauté ou ethnie formée, dans un pays, par ces individus métissés. Par exemple, les métis du Canada, les *coloured* en Afrique du Sud et les mulâtres en Haïti constituent des groupes sociaux et/ou culturels sinon officiellement reconnus, du moins ayant joué un rôle indéniable dans l'histoire nationale de leurs pays.

MÉTROPOLE

◆ Du grec *mêtêr*, mère et *polis*, ville. Centre urbain important sur les plans démographique, économique, politique et culturel.

◆ À l'époque coloniale, le terme désignait l'État exerçant la **souveraineté** sur l'ensemble des colonies de l'Empire.

MILITANT

◆ Du latin *militis*, soldats ; « ceux qui luttent, qui combattent ». Personne engagée activement dans la défense d'une cause.

   Souvent membres d'une organisation (mouvement, parti politique, groupe de pression ou groupe populaire), les militants constituent généralement l'élément vital de celle-ci.

MILITARISME

◆ Tendance à accorder une place de première importance à l'armée, de même qu'aux valeurs qui y sont traditionnellement rattachées : discipline et obéissance, respect de l'autorité et de la hiérarchie, goût des armes et de la guerre.

   On qualifie de militaristes des **régimes** politiques ou des **gouvernements** qui s'appuient principalement sur l'armée et les militaires, qui font de la guerre l'un des axes prioritaires de leur politique intérieure et extérieure.

MINISTÈRE

◆ Ensemble des structures, des services et des personnes (fonctionnaires ou employés de l'État) placés sous la direction d'un **ministre** et dont la fonction est de voir à la mise en œuvre des politiques et des lois qui concernent leur secteur d'activité.

MINISTRE

◆ Désigne un des postes les plus importants au sein de l'appareil gouvernemental, de même que le ou la titulaire de ce poste. Le (ou la) ministre est le premier responsable d'un secteur d'activité ou d'une question particulière : **politique étrangère**, finances, éducation, sécurité publique, etc.

Sur le plan politique, le ministre doit proposer, expliquer et défendre les grandes orientations et les principaux projets de loi qui concernent le secteur d'activité dont il est responsable (finances, éducation, défense nationale, environnement, etc.). Sur le plan administratif, le ministre est responsable de la gestion de ce même secteur d'activité : application des lois, administration du budget qui lui est alloué et contrôle de la partie de la fonction publique dont il est le supérieur hiérarchique. En temps normal, mais aussi et surtout en cas de crise, le ministre doit répondre publiquement (devant les membres du Parlement ou devant les représentants des médias) de la situation du secteur dont il est responsable : il est donc soumis au principe de la **responsabilité ministérielle.**

De plus, la **solidarité ministérielle** fait en sorte que tout ministre doit aussi accepter les décisions prises en **conseil**, être solidaire avec l'ensemble des autres membres du **gouvernement** et répondre de la gouverne politique et de la gestion des affaires publiques.

Au Canada et au Québec, comme dans les **régimes parlementaires** de type britannique, les ministres sont nommés par le premier ministre et choisis parmi les membres de son parti qui siègent au Parlement ou à l'Assemblée nationale.

MISOGYNE

◆ Celui qui éprouve du mépris ou de la haine à l'égard des femmes. On peut associer cette forme de rejet à la peur de l'autre.

⇨ PHALLOCRATE ET SEXISME.

MODE DE PRODUCTION

◆ Équivalent de « système économique ». Concept **marxiste** servant à désigner la forme particulière que prend, dans une société et à une époque données, la façon de produire et, plus précisément, le type de relations qui prévaut entre les gens qui travaillent, les moyens de production et le produit du travail.

Par exemple, le mode de production contemporain, le **capitalisme**, se caractérise par :

- des moyens de production essentiellement aux mains de propriétaires privés ;
- le fait que le produit du travail appartient non pas aux travailleurs mais à une minorité, celle-là même qui possède les moyens de production ;
- le salariat : pour subvenir à leurs besoins, les travailleurs doivent vendre leur force de travail ;
- le degré de développement des forces productives : outre la main-d'œuvre – concentrée dans les villes et abondante –, notons le machinisme, la domestication de diverses sources d'énergie, l'organisation très efficace du travail, le développement intellectuel et scientifique, etc. ;
- la formidable création de surplus (et donc de richesses) qui est ainsi rendue possible ;
- l'accumulation et la concentration de ces richesses entre les mains d'une minorité toujours moins nombreuse.

Le **matérialisme historique** distingue habituellement cinq modes de production successifs : la commune primitive, l'esclavagisme, le **féodalisme**, le **capitalisme** et le **socialisme**.

MODE DE SCRUTIN

◆ Ensemble des règles qui régissent l'organisation d'un scrutin, d'un **vote**. Bien qu'il existe de nombreux modes de scrutin, les deux principaux sont les modes de scrutin majoritaire et ceux à représentation proportionnelle.

Au Canada et au Québec, on utilise le mode de scrutin majoritaire **uninominal** à un seul tour. Dans ce cas, le territoire est divisé en circonscriptions électorales (les comtés) d'un poids démographique le plus équivalent possible. Lors de l'élection, chaque électeur vote dans sa circonscription, une seule fois, pour un seul des candidats dont le nom est inscrit sur le bulletin de vote. Le candidat, affilié à un parti politique ou indépendant, qui obtient le plus grand nombre de voix est élu représentant de cette circonscription à l'Assemblée et donc **député**.

Le mode de scrutin à **représentation proportionnelle** est un **scrutin de liste**. Dans ce cas, le territoire n'est pas divisé en circonscriptions (proportionnelle intégrale). Chaque parti politique présente une liste de candidats. Chaque électeur choisit la liste d'un des partis sur son bulletin de vote (répartition dans l'ordre). À la suite de l'élection, chaque parti politique se voit attribuer un nombre de sièges proportionnel au nombre de voix qu'il a obtenues : 5 % des voix donnent droit à 5 % des sièges, 14 % des voix donnent droit à 14 % des sièges et ainsi de suite.

Il existe de nombreuses variantes de ces deux modes de scrutin, ainsi que des modes de scrutin mixtes.

Monarchie

◆ Du grec *monarkhia*, qui signifie « commandement d'un seul ». **Régime politique autoritaire, dans lequel les pouvoirs (exécutif, législatif, judiciaire)** sont concentrés dans les mains du monarque et de sa famille. Dans un régime monarchique, le pouvoir politique se transmet de façon héréditaire, habituellement de père en fils. Les liens du sang constituent la source de **légitimité** politique, et donc de l'exercice du pouvoir. Ce type de régime dictatorial est encore présent, entre autres, en Afrique du Nord (Maroc), au Moyen-Orient (Jordanie, Arabie Saoudite, Koweït, etc.) ainsi qu'en Asie (Bhoutan).

◆ **Monarchie constitutionnelle** : régime politique dans lequel, formellement du moins, le roi ou la reine est chef d'État ; cependant, de par la Constitution, ce régime limite sévèrement les pouvoirs du chef d'État au profit d'un gouvernement démocratiquement élu. Ainsi, le « souverain » n'y joue qu'un rôle somme toute discret, voire purement symbolique, comme c'est le cas au Canada et au Royaume-Uni.

Mondialisation

◆ Synonyme : planétarisation. Terme très à la mode aujourd'hui, désignant un phénomène aux dimensions multiples, dont certaines ne datent pas d'hier. On l'emploie pour parler de l'inévitable interdépendance qui lie maintenant entre eux pratiquement tous les États de la planète et qui « contraint les acteurs du champ international (États, mais aussi entreprises, individus, organisations) à raisonner en termes globaux, soit à l'échelle de la planète entière » (Moreau-Defarges, 1995, p. 158). Dans le « concert des nations », le cœur de chacune semble devoir désormais battre à l'unisson : le camp occidental a triomphé de « l'ennemi socialiste » et le **capitalisme** étend maintenant ses tentacules partout, n'épargnant presque aucun coin du globe, imposant ses « lois », sa logique, ses instruments :

• l'impératif de la « conquête des marchés » force chaque pays à jouer le jeu du **libre-échange**, à mettre en valeur ses « avantages comparatifs », à améliorer sa compétitivité et à adopter le credo **néolibéral** et **productiviste** ;

- une culture de masse reposant sur des valeurs futiles telles que la consommation, l'individualisme et l'instantanéité, triomphe progressivement ;
- des réseaux de communication de plus en plus denses, rapides et complexes se mettent en place, permettant la circulation de flux (d'argent, de données) qui échappent à toute réglementation.

Les coûts sociaux de ce phénomène sont énormes. Les écarts entre les pays développés et les pays du **Sud**, sauf exception, se creusent inexorablement. Au sein de chaque pays et à l'échelle du globe, la richesse se concentre (les riches sont de moins en moins nombreux, mais de plus en plus riches) et la pauvreté se répand (les pauvres s'appauvrissent et leur nombre augmente). Les **États**, autrefois considérés comme des remparts protégeant la **souveraineté** des peuples et devant préserver, par la redistribution, une certaine cohésion sociale, seraient devenus de véritables passoires. Les cultures et modes de vie traditionnels sont laminés ; les tensions identitaires sont une forme de réponse à la mondialisation. Les acteurs qui tirent leur épingle du jeu sont : les **firmes multinationales**, les banques, les agents financiers internationaux, les spéculateurs, etc.

Cependant, ce décloisonnement des espaces territoriaux traditionnels signifie aussi une forme de progrès : il permet à un plus grand nombre de profiter de la rencontre des peuples, des cultures et des idées, il facilite la communication internationale, il force les acteurs à avoir une vision planétaire de la réalité et des enjeux.

⇨ GLOBALISATION.

MONOCAMÉRALISME (OU MONOCAMÉRISME)

◆ Caractéristique de certains **parlements** composés d'une seule **chambre**, comme c'est le cas au Québec, mais aussi au Danemark, en Israël et en Suède, par exemple.

MOTION

◆ Proposition faite par un **parlementaire** dans une assemblée délibérante. Une motion vise généralement une action ou une décision à prendre, ou encore l'adoption ou le rejet d'un texte. À titre d'exemples, mentionnons les motions de renvoi, de scission et de mise au voix d'un projet de loi, les motions de censure (ce qui équivaut à demander la démission du **gouvernement**) ou de confiance (au gouvernement) et celles d'ajournement ou de clôture des travaux de l'assemblée.

MOTION DE CENSURE

◆ En **régime parlementaire**, motion qui propose à l'**Assemblée législative** de retirer sa confiance au **gouvernement** et donc d'exiger la démission du **premier ministre** et de son **cabinet**. Au Québec, on utilise à tort les expressions « motion de non-confiance » ou encore « motion de blâme ».

MOUVEMENT DE LIBÉRATION NATIONALE

◆ Organisation participant à la **lutte de libération nationale** d'un peuple donné. Exemples : Irish Republican Army (IRA) pour les Irlandais du Nord, Organisation de libération de la Palestine (OLP) pour le peuple palestinien, Front sandiniste de libération nationale (FSLN) pour les Nicaraguayens.

MOUVEMENT SOCIAL

◆ Vaste ensemble d'**acteurs** politiques, plus ou moins structuré (liens organisationnels assez lâches, composition hétéroclite), mais dont les **sympathisants** partagent toutefois des valeurs, des besoins, des intérêts, embrassent une cause commune et travaillent à son triomphe. Les interventions d'un mouvement social peuvent paraître plus ou moins coordonnées à cause de son ampleur, de la dispersion géographique de ses membres, de même que de la diversité de ses composantes (souvent une constellation de groupes locaux, régionaux, sectoriels ou autres). Exemples de mouvements sociaux que l'on peut trouver dans un pays donné : mouvement étudiant, mouvement ouvrier, mouvement **féministe**, etc. De façon plus précise, mentionnons le mouvement des paysans sans terre du Brésil, ou encore le mouvement antimondialisation.

MOYENS DE PRODUCTION

◆ Dans la terminologie **marxiste**, désigne les instruments avec lesquels se réalise la production (outils, machines, équipements, etc.), les matières premières, ainsi que « toutes les conditions matérielles qui, sans intervenir directement dans le processus de transformation, sont indispensables pour la réalisation de ce dernier. Par exemple : le terrain, les ateliers, les routes, les canaux, les travaux d'irrigation, etc. » (Harnecker, 1974, p. 21).

MULTICULTURALISME

◆ Politique canadienne mise de l'avant par le gouvernement de P. E. Trudeau en 1971 et devenue loi sous le gouvernement de B. Mulroney, en 1988. Bien que le Canada soit officiellement un pays bilingue, il est, culturellement, un pays bigarré, un pays d'immigration, un pays où les descendants des « deux peuples fondateurs » ont vu leur part dans la population nationale s'éroder sérieusement au cours du XXe siècle.

Alors que, dans un tel contexte, se pose la difficulté de définir l'identité canadienne, la « culture canadienne » et encore plus la « nation canadienne », le concept de multiculturalisme peut paraître pratique pour certains, compte tenu de la véritable mosaïque de groupes ethniques et de nations qui forment aujourd'hui la population du Canada.

Objectifs poursuivis par la politique de multiculturalisme :

- fournir une aide aux groupes ethniques afin qu'ils conservent et entretiennent leur identité ;
- fournir à ces groupes une assistance afin qu'ils surmontent les obstacles à leur pleine participation à la société canadienne ;
- promouvoir les échanges entre Canadiens de toutes les origines ;
- fournir une assistance aux immigrants dans l'acquisition d'une des deux langues officielles.

La politique multiculturelle du gouvernement canadien est actuellement questionnée de toutes parts : nationalistes québécois, fédéralistes canadiens, même des personnes issues des communautés culturelles doutent de ses vertus. On lui reproche en particulier de cultiver le cloisonnement ethnique et de contribuer à la construction d'un « Canada-mosaïque », un pays qui ne serait en fait qu'un assemblage hétéroclite, une courtepointe dont chaque pièce représente une communauté culturelle isolée, qui se contente de définir son **identité** en exaltant ses origines, sa distinction.

⇨ BILINGUISME.

MULTILATÉRAL
◆ Qui associe plusieurs parties, plusieurs **acteurs**. En **relations internationales**, le terme désigne l'implication de plus de deux **États**.

MULTIPARTISME
◆ Régime politique caractérisé par l'existence et la compétition d'un grand nombre de **partis politiques**.

Formellement, tous les régimes démocratiques autorisent le multipartisme. Cependant, dans certains systèmes politiques utilisant le **mode de scrutin** majoritaire uninominal à un seul tour (exemples : États-Unis, Québec), ce n'est qu'un multipartisme de façade qui prévaut. Bien que sur le bulletin de vote l'électeur semble avoir une bonne variété de possibilités, dans les faits seuls deux partis sont en mesure de soutenir la compétition (pour le contrôle des pouvoirs exécutif et législatif), et ils sont les seuls à pouvoir gagner les élections – à tour de rôle. Par contre, les autres modes de scrutin, la représentation proportionnelle par exemple, favorisent bien davantage le multipartisme ; c'est le cas de la France, de l'Italie, etc.

⇨ BIPARTISME ET PARTI UNIQUE.

MULTIPOLARITÉ
◆ En **relations internationales**, concept voulant que la planète soit soumise au leadership d'au moins trois **puissances** mondiales, sinon bien davantage. Plusieurs auteurs mentionnent par exemple, en matière de relations économiques internationales, la « triade » formée par le Japon, l'**Union européenne** et les États-Unis.

⇨ BIPOLARITÉ, UNIPOLARITÉ.

MUNICIPALITÉ
◆ Au Canada, il s'agit d'un troisième ordre de **gouvernement**, après les gouvernements fédéral et provinciaux. Les **commissions scolaires** incarnent quant à elles le quatrième ordre de gouvernement. Toutefois, comme ces dernières, les municipalités sont sous **juridiction** provinciale (alinéa 8 de l'article 92 de l'**Acte de l'Amérique du Nord britannique**). Les pouvoirs qu'elles détiennent leur sont délégués par l'**Assemblée nationale** et elles ne peuvent les excéder. Ce sont donc des **lois** québécoises, dont la « Loi des cités et villes », qui régissent

les municipalités et leur attribuent 11 champs de **compétence** (finance, impôt foncier, environnement, salubrité publique, santé et bien-être, loisirs, etc.). Les municipalités sont administrées par un conseil municipal (d'au moins six membres) et par un maire, tous élus. Les édiles municipaux ont le pouvoir d'adopter des règlements municipaux (qui respectent le cadre général des lois provinciales), de les faire appliquer et éventuellement, pour les plus importantes d'entre elles, de les faire respecter.

MUR DE BERLIN
◆ Enceinte installée en août 1961 par le gouvernement de la République démocratique allemande (RDA, communiste) et entourant sur 165 kilo-mètres la ville de Berlin-Ouest afin de mettre un terme à l'exode des citoyens est-allemands vers l'Occident (et le système capitaliste). Berlin étant située au cœur de la RDA, deux millions et demi d'Alle-mands de l'Est sont passés à l'Ouest en transitant par Berlin-Ouest, entre 1949 et 1961. Pour stopper cette hémorragie, le gouvernement de la RDA, appuyé par Moscou, a donc installé ce cordon étanche de barbelés, renforcé plus tard par un mur, de même que par un no man's land, des miradors, des patrouilles, etc.

Véritable produit de la **guerre froide**, plus célèbre maillon du **rideau de fer**, le mur de Berlin a certainement été l'un des symboles les plus visibles de la division hermétique de l'Allemagne, de l'Europe, voire de la planète, en deux camps **antagonistes**. Son ouverture, puis sa destruction (en 1989) marquent de façon claire le processus d'effon-drement du bloc de l'Est et préfigureront la réunification de l'Allemagne.

MUSULMAN
◆ Nom désignant un adepte de l'**islam** (voir ce terme).

◆ **Monde musulman :** aire géographique et culturelle recouvrant l'Afri-que du Nord, une bonne partie de l'Afrique occidentale, sahélienne et du Nord-Est, l'ensemble du Proche-Orient/Moyen-Orient (sauf Israël), ainsi que certains pays d'Asie (ex-républiques soviétiques asiatiques, Bangladesh, Malaisie, Indonésie, etc.). Il s'agit donc avant tout d'un groupe de 45 pays où l'**islam** est la religion de la majorité, voire de la quasi-totalité des habitants. Certains vont inclure dans l'aire musulmane des zones limitrophes où l'**islam** est également implanté, bien que minoritaire.

Pour les musulmans, trois villes sont sacrées : La Mecque, Médine et Al-Quds (Jérusalem), « lieux auxquels sont rattachés des événements de la vie d'Adam, d'Ève, d'Abraham, d'Ismaël et de Muhammad et qui ont été déclarés sacrés par l'Islam » (Reeber, 1995, p. 26). La Mecque, « pôle historique et spirituel de l'islam vers lequel s'orientent cinq fois par jour les musulmans en prière » (Reeber, 1995, p. 26), est aussi le cœur géographique du monde musulman. Des millions de pèlerins y convergent chaque année. La garde des lieux saints situés à Médine et à La Mecque confère à l'Arabie Saoudite un certain statut – et une audience particulière – dans le monde musulman. Par ailleurs, la langue dans laquelle a été écrit le Coran, l'arabe, est la langue maternelle d'un musulman sur cinq ; son influence dépasse pourtant le poids démographique de ses locuteurs. Enfin, le monde musulman abrite une communauté définie non seulement par ses valeurs spirituelles, mais également par ce que l'on pourrait appeler des références culturelles (philosophiques, juridiques, artistiques, etc.).

N

NATION
◆ Vaste ensemble d'êtres humains, dont les membres se caractérisent par une **identité** commune – définie par divers éléments d'ordre matériel et/ou spirituel – et disent former, collectivement, une communauté distincte des autres nations de la planète.

Selon les auteurs et les écoles de pensée, on verra qu'il existe deux conceptions fort différentes de la nation. Voici une illustration de la première, dite subjective :

« Le regroupement opéré par la nation se fonde sur des passions, des intérêts et des représentations communs, qui imprègnent les nationaux de la conviction d'avoir un destin commun différent de celui des autres nations. Ce destin est enraciné dans un passé commun, fait d'épreuves surmontées en commun. [...] Elle [l'historiographie] présente la formation de la nation comme une succession d'étapes orientées dans un sens défini et conduites par des héros fondateurs. [...] Le destin commun proposé par le passé et réalisé dans le présent est, enfin, saisi comme un projet pour l'avenir. La nation n'est pas seulement une donnée, elle devient un idéal, la volonté de continuer à vivre ensemble, en surmontant de nouvelles épreuves » (Boudon, 1993, p. 159).

Pour sa part, le modèle républicain français de la nation veut que cette dernière soit formée de l'ensemble des citoyens et citoyennes vivant sur le territoire de l'État. On remarque ici que la nation est fondée sur l'espace territorial habité (*jus soli*) plutôt que sur la parenté génétique des individus (*jus sanguini*).

Inversement, la seconde approche, dite objective, s'appuie sur des critères matériels et vérifiables pour déterminer l'existence d'une nation. Il s'agit habituellement d'une combinaison de certains des éléments suivants : la langue, la religion, la **race**, l'**ethnie**, les us et coutumes.

⇨ PEUPLE.

NATIONALISATION

◆ Transfert à l'**État** de la propriété d'une entreprise privée ou encore de biens appartenant à des particuliers. Exécuté par le gouvernement, le plus souvent à la suite de l'adoption d'une loi, et effectué – officiellement du moins – pour en faire profiter également l'ensemble des citoyens.

NATIONALISME

◆ Courant de pensée moderne qui valorise par-dessus tout la **nation**, sa sauvegarde, son essor, voire sa prédominance. Cette **idéologie** politique est ambiguë ; elle peut, selon le contexte, être considérée comme progressiste ou, au contraire, comme réactionnaire.

Par exemple, au XVIIIᵉ siècle, en France, la gauche fait de la nation le seul titulaire légitime de la **souveraineté** politique face aux anciennes classes dominantes (aristocratie et clergé). Dans un tel contexte, le nationalisme vise en bout de ligne à remettre au **peuple** le contrôle du pouvoir.

Plus tard, au XXᵉ siècle, le sentiment national jouera un rôle important dans la remise en question de l'ordre colonial, plusieurs peuples et mouvements du **tiers-monde** réclamant l'**indépendance** nationale face aux puissances impérialistes. On distinguera donc le nationalisme chez un peuple n'ayant pas encore conquis sa souveraineté (ni créé son propre **État** indépendant), du nationalisme s'exprimant au sein d'une nation qui a déjà son propre État.

Dans ce dernier cas, le nationalisme peut s'apparenter à un **chauvinisme** de grande puissance. Le nationalisme peut ainsi être associé au conservatisme, à la droite et à la réaction. L'exacerbation du sentiment national peut conduire à l'exclusion, à la **xénophobie** et à l'**antisémitisme**. L'extrême droite fasciste, entre autres, prône des politiques intérieures et extérieures fondées sur le développement incessant et sans limites de la puissance nationale conduisant tôt ou tard au militarisme et à l'**impérialisme**.

⇨ PATRIOTISME.

NATIONALITÉ
◆ Appartenance d'un individu à un **État**. Lien juridique qui rattache chaque personne à un pays précis et lui donne – dans ce cadre géographique bien défini – des droits (comme la citoyenneté et, très souvent, le droit de vote, le droit de vivre et de circuler librement, etc.) et des responsabilités (comme payer des impôts, faire le service civil ou militaire, etc.).

⇨ CITOYENNETÉ.

NATIONAL-SOCIALISME
⇨ NAZISME.

NATIONS UNIES
⇨ ONU.

NAZISME
◆ Abréviation de l'allemand *national-sozialist*. Cette idéologie d'extrême droite, variante du fascisme italien, se développe en Allemagne à la suite de la Première Guerre mondiale et de la crise économique de 1929. Adolf Hitler (1889-1945) exposera les fondements du national-socialisme dans le livre *Mein Kampf* (*Mon combat*).

Opposé à la démocratie et au suffrage universel, Hitler prône la soumission à « un seul chef, un seul parti, un seul peuple ». Faisant appel au sentiment national (toutes les classes sociales devant être au service des intérêts de la **nation**), aux préjugés antisémites et aux mythes de la supériorité de la « race aryenne » et aboutissant à une définition raciste de l'État, les nazis mettront en place un régime totalitaire basé sur la terreur et sur une répression impitoyable.

Le nazisme conduira aux horreurs de la Deuxième Guerre mondiale (guerre pour la conquête de « l'espace vital » de la race aryenne) et à la folie meurtrière des camps de concentration et des chambres à gaz.

NÉOCOLONIALISME

◆ Terme employé pour caractériser le type de domination du Nord sur le Sud qui prévaut à l'époque contemporaine, et ce, malgré la **déco-lonisation** et l'accession – formelle – à la souveraineté des peuples d'Afrique, d'Amérique latine et d'Asie autrefois assujettis.

Ainsi, après la fin de la **décolonisation**, se développe une nou-velle forme d'exploitation des peuples dits du **tiers-monde** par les pays industrialisés. Elle ne repose pas sur le contrôle politique direct ni sur la présence permanente de forces armées sur ces territoires, mais sur des mécanismes plus subtils comme :

• les diverses initiatives d'« aide internationale » (le prêt, l'**aide liée**, etc.) et ce qui s'y rattache très souvent (comme l'**ajustement structurel**) ;
• le rôle déterminant joué par les **firmes multinationales**, issues des pays riches, dans le prétendu « développement économique » des pays du Sud ;
• une **division internationale du travail** présentée comme logique et « naturelle », qui oblige les pays du tiers-monde à fonder l'essentiel de leur économie sur certaines activités bien précises (l'extraction ou encore la transformation à faible coût) ;
• la **détérioration des termes de l'échange** (voir cette entrée).

⇨ DÉPENDANCE, IMPÉRIALISME, OPPRESSION.

NÉOLIBÉRALISME

◆ Doctrine économique et sans aucun doute politique, relativement récente, opposée à l'interventionnisme (opposée aux politiques **key-nésiennes**, par exemple) et conduisant au démantèlement de l'**État providence**. Ce « nouveau » **libéralisme** a connu un regain de popu-larité à la suite des problèmes économiques du début des années 70 (ralentissement de la croissance, augmentation du chômage, de l'infla-tion, des taux d'intérêt, des déficits et de l'endettement publics, etc.), mais aussi de l'échec des systèmes à économie planifiée (en URSS, par exemple).

Le néolibéralisme propose donc un retour à l'**économie de marché**, au laisser-faire et au libre-échange, remettant en question l'intervention de l'État, prônant la **privatisation**, la **déréglementation**, les coupures dans les programmes sociaux et finalement la libéralisation du marché du travail (remise en question du salaire minimum, de l'assurance-chômage, des droits syndicaux, etc.).

NETTOYAGE ETHNIQUE

◆ Sur un territoire donné, entreprise consistant en l'expulsion, la déportation, voire l'élimination systématique des membres d'une **nation**, d'une **ethnie** ou d'une communauté, afin que le territoire ne soit occupé que par les individus appartenant à la nation ou l'ethnie dominante. L'expression est consacrée depuis le démembrement de l'ex-Yougoslavie (1991-1995) et les atrocités qui l'ont marqué. Elle a été reprise par la suite pour désigner d'autres cas de purification ethnique, d'homogénéisation nationale : Burundi, Rwanda, Zaïre, Kosovo.

NEUTRALISME

◆ Au sens large, attitude ou tendance politique qui consiste à favoriser la **neutralité** à l'égard des conflits entre puissances. Plus précisément, cette attitude a été développée systématiquement par des pays du **tiers-monde** qui, dans le contexte de la **guerre froide**, ont refusé de s'aligner sur l'un des deux grands blocs.

⇨ NON-ALIGNEMENT.

NEUTRALITÉ

◆ Statut d'un **État** qui s'engage à ne pas prendre part à une **guerre** ou à un conflit international. Ce statut peut être temporaire ou permanent, comme il peut être le résultat d'une prise de position unilatérale ou d'un **traité** en bonne et due forme.

⇨ NEUTRALISME, NON-ALIGNEMENT.

NOBLESSE

◆ Dans le système féodal, classe des nobles (seigneurs, chevaliers, barons, comtes, marquis, etc.) qui est censée posséder des qualités morales supérieures.

⇨ ARISTOCRATIE ET FÉODALITÉ.

NOMENKLATURA

◆ Mot russe signifiant « liste des personnes du régime ayant droit à des prérogatives exceptionnelles » (Rey, 1992, p. 1329). Terme employé pour désigner la classe privilégiée d'individus composant la haute direction du parti communiste et de l'État, en Union soviétique. Par extension, s'entend aussi dans le sens suivant : caste qui s'est installée au pouvoir dans un régime **autoritaire**.

NON-ALIGNEMENT OU NON ALIGNÉ

◆ Désigne, en **relations internationales**, une attitude qui s'est développée à la suite de la conférence de Bandoeng (Indonésie) en 1955. Dans le contexte de la **guerre froide**, les représentants de 29 pays d'Afrique et d'Asie ont décidé de rester neutres et donc de ne pas prendre parti pour une des deux superpuissances. Tout en refusant de se conformer à la politique d'un des deux blocs, les pays du **tiers-monde** qui ont constitué le mouvement des non alignés ont élaboré leurs propres revendications : **décolonisation**, non-alignement et nouvel ordre économique international. Une dizaine de conférences ont suivi celle de 1955. À La Havane, en 1979, 95 États étaient représentés. La dernière rencontre a eu lieu à Belgrade, en 1991. Des chefs d'État comme Castro (Cuba), Tito (Yougoslavie), Nasser (Égypte) et Nehru (Inde) ont été des figures de proue du mouvement des pays non alignés.

Les difficultés économiques, les divergences d'intérêt et les dissensions idéologiques ont grandement affaibli le mouvement des non alignés. Mais il n'en reste pas moins que leurs revendications se sont consolidées et ont été reprises à d'autres niveaux (Groupe des 77, Assemblée générale de l'**ONU**, etc.).

NORD / SUD

◆ Expression fréquemment employée en relations internationales, qui permet de distinguer deux réalités : d'une part les pays riches et développés, de l'autre les pays dits du **tiers-monde**, censés être « en voie de développement ». On dit par exemple : rapports Nord/Sud, dialogue Nord/Sud, tensions Nord/Sud. Les frontières de ces deux ensembles ne sont pas de nature géographique mais bien économiques, politiques et historiques.

Le **Sud** s'affirme comme **acteur** à la suite des vagues de **décolonisation** qui balaient l'Afrique et l'Asie après la Deuxième Guerre mondiale ; à partir des années 70, il propose le **non-alignement** et l'avènement de nouvelles règles de répartition des richesses à l'échelle planétaire. La majorité des pays du Sud est située dans l'hémisphère Nord (exemples : Égypte, Inde, Venezuela) ; la minorité au sud (Indonésie, Pérou, Tanzanie, etc.).

L'ensemble appelé Nord comprend *grosso modo* les mêmes pays que l'**OCDE**, auxquels certains auteurs ajoutent maintenant l'Europe de l'Est et parfois quelques autres pays (dont Israël). Ainsi, on y trouve des pays situés dans l'hémisphère Sud (Australie et Nouvelle-Zélande, par exemple). Beaucoup de pays du Nord ont pratiqué la **colonisation** et contribuent à perpétuer, encore aujourd'hui, le transfert des richesses du Sud vers le Nord.

⇨ DÉVELOPPEMENT, CENTRE / PÉRIPHÉRIE, NÉOCOLONIALISME.

NOUVEAUX PAYS INDUSTRIALISÉS (NPI)

◆ Expression employée par la Banque mondiale et l'OCDE pour désigner ces États qui, parmi ceux qui formaient autrefois le **tiers-monde**, ont le plus fidèlement reproduit le modèle de **développement** caractérisant les pays du Nord : industrialisation rapide, **libéralisme économique**, société de consommation, **productivisme**, insertion poussée dans les échanges économiques mondiaux, etc. Au cours des années 80, la notion de NPI était plus ou moins associée aux « quatre dragons » (Corée du Sud, Hong-Kong, Singapour, Taïwan) ainsi qu'au Brésil, mais on lui a rattaché progressivement plusieurs autres pays d'Asie de l'Est (Chine, Malaisie, Philippines, Thaïlande), d'Amérique latine (Argentine, Chili, Mexique) et d'Afrique (île Maurice). Les contours du concept de NPI sont encore flous et sujets à de nombreuses discussions. Certains lui préfèrent les expressions « économie en émergence » ou « État émergent ».

NOUVEL ORDRE MONDIAL

◆ Expression employée pour désigner une ère nouvelle en relations internationales, qui s'ouvre avec la disparition du bloc de l'Est et la fin de la **bipolarité**. Cette ère nouvelle se caractérise par le remodelage des rapports de force sur la planète et le changement de certaines « règles du jeu ». À partir de la guerre du Golfe persique en 1991, on voit que la dynamique du Conseil de sécurité de l'**ONU** est modifiée (certaine convergence d'intérêts entre la Russie et les États-Unis ; discrétion de la Chine), ce qui lui permet d'intervenir directement dans nombre de conflits, en application de la charte des Nations unies. Certains auteurs parlent du triomphe du droit international sur la logique de l'affrontement, alors que d'autres qualifient plutôt ce nouvel ordre mondial de *pax americana*, sorte de paix imposée par le seul empire qui subsiste, les États-Unis.

Avec l'effondrement des économies **socialistes** et l'adhésion de la quasi-totalité des pays du globe au **capitalisme**, il y a effectivement un vainqueur – et un perdant – de la **guerre froide**. Outre le triomphe du **néolibéralisme**, cela signifie un déplacement des équilibres : la compétition étant dorénavant de type Nord/Nord (entre des blocs économiques comme l'**ALENA, l'Union européenne**, le Japon) et quelques nouveaux « joueurs » tentant de se faire une place dans cette course entre les « grands » (Corée du Sud, Singapour, Taïwan, Malaisie, Mexique, Brésil, etc.).

O

OCDE

◆ Organisation de coopération et de développement économique. Organisme regroupant 29 pays, pour la plupart occidentaux, riches et développés, dont le but est de leur permettre de coordonner leurs politiques économiques et de suivre attentivement l'évolution de l'économie mondiale afin d'esquisser les stratégies de croissance et de prospérité.

L'OCDE est née en 1961 et succède à l'Organisation européenne de coopération économique, créée dans la foulée du plan Marshall et devant répartir l'aide américaine pour la reconstruction de l'Europe de l'Ouest. L'OCDE regroupe 18 États d'Europe occidentale : Allemagne, Autriche, Belgique, Danemark, Espagne, Finlande, France, Grèce, Irlande, Islande, Italie, Luxembourg, Norvège, Pays-Bas, Portugal, Royaume-Uni, Suède et Suisse. Elle compte aussi le Canada, les États-Unis, le Mexique, l'Australie, la Nouvelle-Zélande, la Corée du

Sud, le Japon et la Turquie. Trois pays d'Europe de l'Est y ont récemment adhéré : la Hongrie, la Pologne et la République tchèque.

L'OCDE ne dispose pas d'un pouvoir exécutif sur la scène internationale. Cependant, ses analyses et ses recommandations ont un écho certain chez les pays membres et servent de balises aux États **capitalistes**. Elles portent sur le commerce et le **libre-échange**, les finances publiques et l'endettement des États, le développement, l'aide internationale, etc.

OLIGARCHIE

◆ Du grec *oligarkhia*, commandement de quelques-uns. **Système politique** dans lequel le pouvoir est sous le contrôle d'un petit groupe de personnes.

◆ Groupe de personnes restreint, privilégié et puissant.

⇨ ARISTOCRATIE.

OMBUDSMAN

◆ **Institution** d'origine suédoise que l'on trouve maintenant dans plusieurs pays. Au Québec, le titre officiel de l'ombudsman est celui de « **protecteur du citoyen** ». Il s'agit d'une personne indépendante, généralement nommée par le pouvoir législatif et qui, à l'aide des ressources et du personnel qui lui sont alloués, doit défendre les droits des citoyens face aux pouvoirs publics. L'ombudsman, ou ici le protecteur du citoyen, reçoit et examine les plaintes des citoyens à l'endroit de l'administration publique et, au besoin, intervient auprès des autorités concernées.

OMC

◆ L'Organisation mondiale du commerce est une association de 137 **États** désirant faciliter les échanges commerciaux entre eux et obtenir l'ouverture du marché mondial. Les représentants des divers pays membres de l'OMC y négocient l'élimination progressive des mesures entravant les échanges de marchandises et de services : barrières tarifaires, contingentements, etc. L'OMC régit plus des quatre cinquièmes du commerce mondial.

L'OMC succède à l'Accord général sur les tarifs douaniers et le commerce (*General Agreement on Tariffs and Trades*, GATT), qu'elle remplace depuis 1995. Tout comme le GATT, l'OMC cherche à établir à terme l'équivalent d'un système planétaire de **libre-échange**. Elle dispose cependant de pouvoirs supérieurs à ceux du GATT pour y arriver, dont celui d'arbitre pour régler les différends commerciaux. L'OMC s'inscrit dans la droite ligne des principes du **libéralisme économique** appliqué à l'échelle de la Terre : **division internationale du travail**, **mondialisation**, hégémonie exercée par le marché.

ONG (ORGANISATION NON GOUVERNEMENTALE)

◆ Association sans but lucratif, issue de la **société civile**, créée le plus souvent par des volontaires, des bénévoles ou encore des **militants**, qui œuvre dans son propre pays et/ou à l'échelle internationale. Les ONG peuvent intervenir dans des domaines aussi variés que le développement, le travail, l'éducation, la santé, la culture, les conditions des femmes, etc.

Elles ont deux points communs :
- elles n'ont pas été créées par l'**État** et n'en sont pas un appendice ;
- en matière de développement international, elles sont des interlocutrices importantes et parfois même des partenaires d'acteurs institutionnels (ONU, autres organisations intergouvernementales, etc.).

Selon plusieurs spécialistes du développement, les ONG jouent un rôle clé : elles font partie intégrante du tissu social et contribuent à sa « bonne santé » si l'on peut dire. C'est à partir d'ONG (syndicats, groupes de femmes, associations étudiantes, organisations de défense des droits, groupes écologistes, organismes de solidarité et d'entraide, missions et congrégations religieuses, etc.) que la population peut s'organiser de façon autonome, pour son propre développement et/ou celui d'autres peuples. Exemples d'ONG : Médecins sans frontières, Greenpeace, Amnistie internationale, Développement et Paix, etc.

ONU

◆ L'Organisation des Nations Unies est une **organisation intergouvernementale** regroupant la quasi-totalité des États de la planète (189 pays membres sur un total de 193) ; elle fut créée à la fin de la

Deuxième Guerre mondiale dans le but de réunir et de préserver les conditions indispensables à la paix mondiale. Parmi celles-ci, mentionnons : le respect du droit international et des droits de la personne, le dialogue entre États, le droit des peuples à disposer d'eux-mêmes, le développement, la coopération, etc.

Le « système ONU » est en fait une constellation d'agences, d'instances et d'organismes ; certains fonctionnent de façon autonome (**BIRD, FMI, OMC**, etc.), d'autres sont étroitement intégrés à l'ONU (UNICEF, Haut-Commissariat aux réfugiés, etc.). Enfin, il faut distinguer les organes centraux de décision, comme le Conseil de sécurité et l'Assemblée générale. La répartition des pouvoirs entre ces organes, leur composition et leur fonctionnement reflètent la situation internationale qui prévalait en 1945.

Le Conseil de sécurité, qui détient le pouvoir **exécutif**, est composé de cinq membres permanents disposant d'un droit de *veto*, qui sont les grands vainqueurs du deuxième conflit mondial : les États-Unis, la Russie, le Royaume-Uni, la France et la Chine. Il compte aussi 10 membres temporaires siégeant au Conseil pour une période de deux ans ; ceux-ci sont choisis par l'Assemblée générale. Le Conseil de sécurité peut ordonner des sanctions contre des États (**embargo**) et autoriser l'intervention d'armées dans un conflit, pour le régler par la force.

Pour l'essentiel, les pouvoirs de l'Assemblée générale, qui réunit tous les membres de l'ONU et fonctionne selon le principe « un pays égale un vote », ont une portée symbolique. Une des limites majeures de l'ONU est donc que le pouvoir n'y est pas réparti de façon démocratique (un des cinq membres permanents du Conseil de sécurité pouvant à lui seul bloquer tout un processus onusien). Pourtant, sur le fond, les orientations votées par l'Assemblée représentent bien la volonté de la majorité des États de la planète. Enfin, l'ONU a pu, dans certaines circonstances, être un forum de discussions et de négociations internationales important.

OPPOSITION

◆ En politique, il s'agit de l'ensemble des personnes, groupes et **partis politiques** qui s'opposent au **gouvernement** ou à l'autorité politique qui détient le pouvoir. Selon le contexte et le régime en vigueur, l'opposition peut être légale ou illégale, divisée ou unanime, pacifique ou violente, chétive ou puissante.

◆ En **régime parlementaire**, le même terme désigne plus précisément l'ensemble des députés qui ne sont pas membres du parti ou du groupe parlementaire au pouvoir. Dans ce même régime, on qualifiera d'opposition « extra-parlementaire » celle qui se situe en dehors du Parlement : mouvement social, groupes de pression, etc.

OPPOSITION OFFICIELLE

◆ En **régime parlementaire** de type britannique, l'opposition officielle est formée des députés (ou **groupe parlementaire**) du parti qui s'est classé deuxième quant au nombre des députés qu'il a fait élire au moment des élections générales. Le chef de ce parti (s'il est élu député dans sa propre circonscription électorale) devient « chef de l'opposition officielle ». Représentant le deuxième plus grand courant de l'opinion publique, le chef et le parti d'opposition officielle ont droit à des **privilèges** : moments et temps de parole lors des séances, budgets de recherche, représentations protocolaires, accès aux médias, etc.

OPPRESSION

◆ Action d'opprimer, c'est-à-dire de dominer, de réduire à un état de subordination, en usant de moyens abusifs comme la force, la contrainte, la privation de droits, la violence.

⇨ COERCITION.

ORGANISATION DE L'UNITÉ AFRICAINE (OUA)

◆ Organisation régionale regroupant la quasi-totalité des États d'Afrique, soit 52 États. Outre le maintien dans leur intégralité des frontières actuelles (issues de la **colonisation**), maintien dont elle a fait un principe en 1964, l'OUA se donne pour objectifs de renforcer la coopération entre les pays membres et de favoriser la paix entre eux. L'OUA a développé au fil des années une expertise de médiateur dans nombre de conflits régionaux ou locaux. Toutefois, son influence reste encore toute relative étant donné que l'intégration continentale est, pour des raisons historiques, peu avancée en Afrique.

⇨ ORGANISATION INTERGOUVERNEMENTALE.

ORGANISATION DES ÉTATS AMÉRICAINS (OEA)

◆ Organisation régionale regroupant tous les États d'Amérique sauf Cuba (expulsé en 1962). Créée en pleine **guerre froide** par les États-Unis, l'OEA fut d'abord un organisme farouchement anticommuniste, une plate-forme continentale dont ils se servaient pour combattre les progrès de l'extrême gauche en Amérique. Cuba n'est pas le seul État à avoir goûté à la médecine de l'OEA ; le Nicaragua et la Grenade ont eux aussi été sanctionnés pour leurs penchants « à gauche ». Depuis 1991, cette chasse aux sorcières s'est évidemment un peu atténuée, quoique la ligne dure à l'égard de Cuba demeure. Aujourd'hui, le grand chantier des 34 États membres de l'OEA est la **ZLEA** ou Zone de libre-échange des Amériques, définie au Nord comme une extension de l'**ALENA** à l'ensemble du continent.

⇨ ORGANISATION INTERGOUVERNEMENTALE.

ORGANISATION DU TRAITÉ DE VARSOVIE (OTV)

⇨ PACTE DE VARSOVIE.

ORGANISATION INTERGOUVERNEMENTALE

◆ Regroupement international mis sur pied par des **États** qui, par le biais d'une charte ou d'un traité, s'engagent à y poursuivre ensemble un certain nombre d'objectifs, et ce, à travers leurs représentants, issus de chacun des gouvernements impliqués. Ainsi, des organisations comme l'**ONU**, le **FMI** et la **BIRD** réunissent-elles au mieux des gouvernements (mais surtout des **mandataires** de ces derniers) et non les **nations** elles-mêmes, comme porterait à le croire leur nom.

Très souvent, ces regroupements fonctionnent selon le principe « un **État** égale un vote », puisqu'ils sont censés former – dans l'esprit, du moins – une sorte d'association volontaire de concertation ou d'entraide entre pays. Cependant, dans les faits, on remarque le plus souvent la prépondérance de l'influence de certaines puissances, qui s'exerce par des dispositifs comme le droit de veto, la règle de l'unanimité ou le droit de vote proportionnel.

Les OIG sont des acteurs à part entière de la scène mondiale, au même titre que les États, et peuvent bénéficier de pouvoirs assez étendus (selon le cas) ; elles sont reconnues par le droit international et bénéficient donc d'une personnalité juridique.

La nature des objectifs qu'elles poursuivent peut varier énormément, selon l'étendue de leur vocation (régionale ou universelle), de leur champ d'action (spécialisé ou général) et de leurs fonctions (offre de services, négociation, intervention, etc.).

ORGANISME GOUVERNEMENTAL

◆ Organisme (souvent coiffé du titre de commission, comité, conseil, agence ou société) mis sur pied et financé par l'**État** à des fins spécifiques qui varient beaucoup d'un cas à l'autre : enquête, recherche, gestion, contrôle, etc. Certains sont permanents alors que d'autres sont créés *ad hoc* (comme les **commissions royales d'enquête**). Les organismes gouvernementaux sont légion. Mentionnons par exemple le Conseil de la radiodiffusion et des télécommunications canadiennes (CRTC), l'Agence canadienne de développement international (ACDI) ou, au Québec, le Conseil du statut de la femme ou le Conseil permanent de la jeunesse, la Commission des droits de la personne, etc.

OTAN

◆ Organisation du traité de l'Atlantique Nord. **Alliance** militaire créée en 1949 à l'initiative de pays de l'Europe de l'Ouest et de l'Amérique du Nord, alors que la confrontation États-Unis/URSS faisait rage. Sa création tient au moins à deux raisons : la volonté de certains États européens de lier la superpuissance américaine (qui possède l'arme atomique) aux problèmes de sécurité qu'ils éprouvent devant l'expansion de l'influence soviétique en Europe ; la volonté des États-Unis d'**endiguer** cette même expansion et d'encercler l'URSS et ses alliés.

Dix-neuf pays sont membres de l'OTAN, un peu moins de la moitié d'entre eux donnant sur les rives mêmes de l'Atlantique Nord : États-Unis, Canada, Danemark, Islande, Norvège, Royaume-Uni, France, Espagne, Portugal (qui bordent l'Atlantique), puis Allemagne, Belgique, Grèce, Italie, Luxembourg, Pays-Bas, Turquie. Trois pays d'Europe de l'Est ont été admis en 1997 : la Hongrie, la Pologne et la République tchèque.

L'OTAN est un rejeton de la **guerre froide**. À quoi sert-elle maintenant que celle-ci est terminée, se demandent plusieurs. Diverses réponses sont avancées. D'abord l'OTAN sert à protéger les intérêts vitaux de ses membres, des pays **capitalistes** faisant tous partie de l'**OCDE** ; ensuite, l'OTAN préserve la stabilité du **nouvel ordre mondial**. En étant la plus puissante alliance de la planète, elle peut intervenir militairement dans les conflits (situés bien au-delà de la zone de l'Atlantique Nord...) avec force et rapidité. À certaines occasions, elle le fait sous un mandat du Conseil de sécurité, ce qui fait dire à certains qu'elle joue de plus en plus le rôle de « bras armé de l'**ONU** ».

P

PACTE DE VARSOVIE

◆ **Alliance** militaire qui regroupait autour de l'URSS ses **États satellites** en Europe de l'Est, durant la **guerre froide** : Albanie, Bulgarie, Hongrie, Pologne, République démocratique allemande (RDA), Roumanie, Tchécoslovaquie. Fondé en 1955, le Pacte se voulait une réponse à la création d'alliances militaires antisoviétiques par les pays d'Europe de l'Ouest et les États-Unis (**OTAN** et Union de l'Europe occidentale), et plus spécialement à l'inclusion de la République fédérale d'Allemagne (RFA) en leur sein. Si l'on fait le bilan des interventions militaires du pacte de Varsovie, on peut constater qu'en définitive, il a surtout servi à sauvegarder les intérêts de l'URSS dans sa **zone d'influence** en Europe. Il fut dissout en 1991.

PARADIGME

◆ Modèle, cadre général de référence, système de représentation à partir duquel les êtres humains analysent la réalité. En science, selon Thomas Kuhn qui a popularisé la notion dès 1962, un paradigme correspond à un ensemble théorique structuré, formé de lois et d'hypothèses, admis par la plupart des chercheurs constituant la communauté scientifique. La notion a été reprise par la suite en sociologie, en philosophie, en science politique, etc.

PARLEMENT

◆ Assemblée délibérante de certains États, titulaire du pouvoir **législatif**. Y sont examinées et discutées les affaires publiques et étudiés, débattus et votés des projets de loi. Le Parlement a aussi comme fonction de contrôler le **gouvernement**. Généralement composé de **députés**, un parlement peut être monocaméral (formé d'une seule **chambre**, c'est le cas au Québec avec l'**Assemblée nationale**) ou bicaméral (formé de deux chambres, comme c'est le cas au Canada, avec la **Chambre des communes** et le **Sénat**).

PARLEMENTAIRE

◆ Personne qui est membre d'une assemblée ou d'une **chambre** constituant ou faisant partie d'un **parlement**: **député** et sénateur, par exemple. Généralement élus, les parlementaires représentent le **peuple** et
exercent, en son nom, le pouvoir **législatif**.

◆ Dans la typologie classique des **régimes** politiques, qualifie un régime
caractérisé par la collaboration des pouvoirs **exécutif** et **législatif**, le
premier étant issu du second et redevable devant lui dans le cadre
des travaux réguliers du **Parlement**.

⇨ RÉGIME PARLEMENTAIRE.

PARTI

◆ Appareil créé dans le but de prendre le pouvoir politique et de le
conserver ; il s'agit donc d'une organisation durable, ayant un **programme politique** et qui recherche l'appui de la population en vue
d'être portée au pouvoir.

Dans les démocraties occidentales, les partis sont des associations
volontaires de citoyens et de citoyennes ; souvent, l'essentiel de leurs
préoccupations est de remporter les élections. Les activités d'un parti
politique peuvent être fort variées : outre la diffusion de leur message,
la sollicitation, le financement (exemple : collecte de fonds) et les débats
entourant l'adoption du programme, le parti peut jouer le rôle de canal
entre les aspirations de la population et le gouvernement, ou encore
travailler à l'enracinement, dans l'opinion publique, d'un projet de
société, d'une cause précise. Ainsi, certains distinguent les partis
d'idées des autres (voir *catch-all party*). Les premiers ont ceci de particulier que l'exercice du pouvoir n'est pas leur objectif prioritaire à
court terme. La ronde électorale sert plutôt de tremplin à la diffusion
de leur message, à la propagation de leurs idées.

En régime de **parti unique**, le parti politique a une fonction diffé-
rente. Il devient alors un organe extrêmement puissant, qui non seulement dirige le gouvernement, mais cherche aussi à contrôler toutes
les institutions publiques et à établir son influence sur toutes les forces
vives de la **société civile**. Son appareil hautement structuré et hiérar-
chisé peut devenir à la fois un réseau de renseignements, une machine
de **propagande**, une pépinière de cadres et fonctionnaires pour l'État
et le seul lieu autorisé où s'expriment les tendances et se joue le jeu
politique.

⇨ BIPARTISME, ÉLECTORALISME, MULTIPARTISME.

PARTI(S) D'OPPOSITION

◆ Désigne le ou les **partis politiques** opposés au parti (ou à la **coalition** de partis) qui détient le pouvoir.

En **régime parlementaire** de type britannique, on distingue parmi les partis d'opposition le parti de l'**opposition officielle**. Ce dernier est le parti politique qui s'est classé deuxième pour le nombre de députés élus au Parlement. Dans l'ensemble, les partis d'opposition sont tous les partis qui ont fait élire des députés aux dernières élections, à l'exception du **parti ministériel** qui exerce le pouvoir.

En plus de participer à l'exercice du pouvoir **législatif**, les députés des partis d'opposition (ou encore les **groupes parlementaires** de l'opposition) ont comme fonction, en **chambre**, de questionner, de critiquer et d'exiger que le pouvoir exécutif réponde publiquement de la gouverne des affaires de l'État (c'est la **responsabilité ministérielle**).

PARTI MINISTÉRIEL

◆ En **régime parlementaire**, le parti ministériel (qu'on appelle aussi, au Québec, le « groupe » ministériel) est celui qui fait élire le plus de députés aux élections générales et qui contrôle donc le plus de **sièges** à l'Assemblée législative. Son chef, s'il est élu dans sa circonscription, devient **premier ministre** et donc chef du gouvernement. Il a le privilège de choisir, parmi les membres de son **caucus**, ceux qui deviendront ses **ministres**.

PARTI UNIQUE

◆ Le régime de parti unique est caractérisé par l'**hégémonie** complète d'un seul parti sur la vie politique du pays – et donc par l'interdiction de tous les autres partis. On trouvait les régimes de parti unique dans les États **fascistes** (Allemagne, Espagne, Italie, Portugal, lors de la Deuxième Guerre mondiale) et on les trouve encore dans les États **communistes** (Corée du Nord, Chine, Cuba, Laos, Viêtnam, etc.), ainsi que dans d'autres pays (Érythrée, Iraq, Syrie, etc.).

PARTISAN

◆ Relatif à un **parti**, à une cause.

◆ Personne engagée dans la défense d'une **idéologie** ou d'un **régime**.

◆ De façon plus précise, le terme peut désigner des combattants engagés dans des organisations militaires clandestines. Ce fut le cas, notamment, des combattants antifascistes français, italiens ou grecs pendant la Deuxième Guerre mondiale. « Guerre de partisans » : **guérilla**.
⇨ GUÉRILLERO.

PARTISANNERIE
◆ Terme utilisé surtout au Québec pour désigner l'attitude de certains **acteurs** politiques préoccupés exclusivement par les intérêts de leur **parti**. Il s'agit d'un type de dévouement à une cause ou à une **doctrine** qui conduit à la partialité, à l'intransigeance et au **sectarisme**.
⇨ DOGMATISME.

PARTITION
◆ Action de procéder à la scission d'un territoire (État, ville, etc.), le plus souvent sur des bases idéologiques, dans un contexte de **guerre**, de **guerre civile** ou de **guerre froide**. Le résultat de cette dissection est forcément arbitraire et artificiel : partition de l'Irlande en 1920, partition de l'Allemagne en 1948, partition de la Corée en 1953, partition de Chypre en 1974. Synonyme : morcellement.

Sur la scène québécoise, durant les années 90, dans le cadre d'un chantage à l'égard du mouvement souverainiste, une poignée d'extrémistes a évoqué le scénario de la partition du territoire provincial, dans l'hypothèse où la population du Québec voterait « oui » à un référendum sur la souveraineté.

P.A.S. (PROGRAMME D'AJUSTEMENT STRUCTUREL)
⇨ AJUSTEMENT STRUCTUREL.

PATRIARCAT

◆ « Terme employé en sociologie pour désigner un type d'organisation sociale où l'autorité familiale et politique est exercée par les hommes, chefs de famille » (Rey, 1992, p. 1452).

◆ Selon la pensée féministe, le patriarcat est un système organisé de domination masculine qui soutient le type de rapport d'autorité exercé par le chef de famille sur sa femme et ses enfants et le reproduit à l'échelle de la vie économique et des institutions publiques. Le système patriarcal remonterait à l'époque où s'est généralisé le modèle familial conjugal dit « moderne » – prévalant encore de nos jours – fondé sur la monogamie (plus précisément sur la fidélité de la femme envers son époux), le pouvoir prépondérant de l'homme au sein de la famille et, enfin, la propriété individuelle. L'ensemble des formes d'oppression et d'exploitation systématiques des femmes, à travers les époques et les **modes de production** (féodal, capitaliste, socialiste, etc.), trouve ainsi sa raison dans l'existence d'une structure organisée, universelle et plusieurs fois millénaire : le patriarcat.

⇨ CHAUVINISME, PHALLOCRATE, SEXISME.

PATRIOTISME

◆ Amour de la patrie. Cet attachement sentimental à l'égard de son pays est souvent lié à une forme d'engagement pour sa défense, engagement pouvant aller jusqu'au sacrifice ultime en cas de conflit armé.

⇨ NATIONALISME ET CHAUVINISME.

PATRONAGE

⇨ FAVORITISME.

PÉRÉQUATION

◆ Principe de redistribution égalitaire dans une situation où il y a déséquilibre. Il peut s'agir d'une plus juste redistribution de ressources, de coûts, de produits, etc.

◆ Au Canada, un mécanisme de péréquation, mis de l'avant par le gouvernement fédéral en 1957, vise à équilibrer les revenus fiscaux des différents gouvernements provinciaux. Selon une formule plusieurs fois renégociée et modifiée dans le cadre des relations fédérales-provinciales, le gouvernement central contribue à permettre aux provinces « moins riches » de disposer de revenus fiscaux plus équitables par rapport aux provinces plus prospères.

PERESTROÏKA

◆ Mot russe signifiant « restructuration ». Politique réformatrice mise de l'avant à compter de 1985 par le gouvernement du Parti communiste d'Union soviétique, sous la direction de Mikhaïl Gorbatchev, visant à donner un nouveau souffle à la vie économique en URSS en restructurant l'intervention de l'État (exemples : autorisation de l'initiative privée dans un certain nombre de secteurs, ouverture aux capitaux étrangers dans le cadre de partenariats, transfert de terres à de petits producteurs agricoles, etc.). Cette politique a connu son terme en 1991 avec la fin du régime communiste, qui coïncidait avec la dissolution de l'Union soviétique.

⇨ GLASNOST.

PÉRIPHÉRIE

⇨ CENTRE.

PEUPLE

◆ Terme dont l'usage s'apparente à celui de **population**, mais qui a une signification plus précise : il désigne l'ensemble des **citoyens** d'un pays. Exemples : « s'en remettre au peuple », « aller devant le peuple ». On notera donc que si on peut parler de la population d'une ville ou de la population étudiante d'un cégep, ces deux dernières ne constituent pas des peuples.

◆ En **relations internationales**, l'usage du terme « peuple » tend à se confondre avec celui de **nation**. Ainsi l'ONU reconnaît-elle le « droit des peuples à disposer d'eux-mêmes ». Toutefois, certains insistent pour établir des nuances entre les deux concepts : « ...une hiérarchie implicite s'est établie dans les discours politiques : la nation est considérée comme une catégorie supérieure au peuple. En référence à l'évolution historique, les nations sont perçues comme des ensembles plus évolués et plus explicitement politiques ; chacune d'elles a constitué un État indépendant [...] ou sur le point de devenir indépendant, alors qu'un peuple est considéré comme un ensemble "moins avancé" vers ce "stade" et qu'il est défini par des caractéristiques plus culturelles que politiques » (Lacoste, 1993, p. 1218).

⇨ ETHNIE.

PHALLOCRATE

◆ De phallus (membre viril en érection) et *cratos* (gouvernement). Celui qui est convaincu de la supériorité du genre masculin. Cette conception, érigée en système (la phallocratie), conduit à la domination des hommes sur les femmes, et ce, tant sur les plans social ou institutionnel que privé.

⇨ CHAUVINISME, SEXISME.

PLATE-FORME ÉLECTORALE

◆ Ensemble du discours et des engagements pris par un **parti** ou par un candidat en période électorale. Généralement, il s'agit d'éléments spécifiques de leur **programme politique**, éléments qui sont particulièrement importants ou alors directement liés aux grands débats de l'heure. L'expression vient du fait qu'aux siècles derniers, en Amérique, les **politiciens** utilisaient principalement le train pour rejoindre la population et faire campagne ; ils prononçaient souvent leurs discours électoraux de la plate-forme du wagon de queue du train.

⇨ PROGRAMME POLITIQUE.

PLÉBISCITE

◆ Du latin *plebiscitum*, littéralement : décision du peuple. Consultation populaire qui vise à renouveler la confiance au gouvernement ou à son dirigeant. Alors que le **référendum** porte habituellement sur une question précise, il peut, comme une élection générale, avoir un caractère plébiscitaire impliquant le maintien ou le rejet de l'autorité en place.

En droit international, le plébiscite (tout comme le référendum) désigne de façon plus précise une consultation permettant à une population de se prononcer sur son statut international : annexion à un autre État, séparation, accès à l'**indépendance** nationale, etc.

PLOUTOCRATIE
◆ Du grec *ploutos*, richesse et *kratos*, pouvoir. **Régime** politique où le **pouvoir** est contrôlé par les riches. Qualificatif parfois attribué, par dérision, aux **démocraties libérales**.

PLURALISME
◆ Principe qui consiste à admettre la diversité et la libre expression des idées politiques, économiques ou encore des croyances religieuses. Associé au **libéralisme politique**, le pluralisme est généralement l'objet de garanties constitutionnelles : libertés de pensée, de croyances, de presse, d'association, etc. Politiquement, le pluralisme est associé à la **démocratie** et se traduit concrètement par l'existence et la libre concurrence de plusieurs partis politiques (**bipartisme** ou **multipartisme**), de même que par la multiplication des **groupes de pression**.

PLUS-VALUE
◆ Gain réalisé par le capitaliste à partir de la différence existant entre le prix qu'il paie pour une journée de travail (le salaire payé à l'ouvrier) et la valeur créée par ce même ouvrier après une journée de travail dans son entreprise. Ce gain est à la base même du profit, motivation essentielle du capitaliste.

Selon Marx, la force de travail (que vend l'ouvrier) est une marchandise comme les autres, dont la valeur est déterminée, comme toute marchandise, par la quantité de travail qui y a été incorporée. Cependant, la force de travail a une caractéristique bien particulière : le coût d'entretien de cette marchandise et celui de sa reproduction (représentés par le salaire) sont moins élevés que la valeur produite par cette même marchandise, sur les lieux de travail. Cette différence est exploitée par le capitaliste, à son propre bénéfice.

POLARISATION
◆ Processus menant au regroupement de forces, d'acteurs ou de tendances politiques autour d'un ou de plusieurs pôle(s). Ainsi, selon les situations, on sera en présence de l'un de ces phénomènes : **unipolarité**, **bipolarité**, **multipolarité**.

POLIS

◆ Mot grec généralement traduit en français par **cité**. En **science politique**, les concepts de *polis* et de **cité** occupent une place de premier ordre. Pour les Grecs de l'Antiquité, le *polis* correspondait à une réalité géographique à laquelle une population s'identifiait (la ville, le cas échéant son port, les terres avoisinantes, les villages périphériques, etc.), mais aussi et surtout, le *polis* grec correspondait à une réalité politique : un pouvoir organisé et **souverain**, régissant par une **loi** commune le territoire et la population de la Cité.

Dans ce sens, la Cité grecque s'apparente à l'**État** moderne. Le *polis* grec représente plus que la ville moderne (qui n'est pas souveraine au sens strict du terme) et moins que l'État moderne (qui recouvre une réalité plus importante sur le plan quantitatif). On qualifiera donc le phénomène de cité-État (ou encore d'État-cité).

Il s'agit là d'une des plus anciennes manifestations du phénomène politique, les hommes se regroupant en fonction de besoins et d'idées (les **idéologies** politiques) et s'organisant sur la base d'une loi commune (les **régimes** politiques). La réflexion, le questionnement et l'étude de ce phénomène, dès l'Antiquité (chez Hérodote, Thucydide, Platon, Aristote, par exemple), donneront naissance à la science politique.

POLITICIEN

◆ Personne qui occupe ou tente d'occuper un poste, généralement électif et rémunéré, au sein d'une **institution** politique décisionnelle (**Parlement**, Chambre d'assemblée, **Sénat**, conseil municipal, etc.). Peu importe la bannière sous laquelle ils se présentent, qu'ils soient candidats défaits ou victorieux, au pouvoir ou dans l'opposition, **députés**, sénateurs, **ministres**, ou encore conseillers municipaux ou maires, les politiciens font de « la » **politique** une profession, voire une carrière, tout au moins pendant un certain temps. Le terme peut avoir une connotation péjorative, les politiciens étant associés à l'**électoralisme**. Tout en étant synonymes, les expressions homme ou femme politique n'ont pas cette connotation péjorative.

POLITICOLOGUE

◆ Synonyme : politologue. Spécialiste de la **science politique**. Plus rarement et en Europe surtout, le synonyme politiste est aussi utilisé.

POLITIQUE (LA)

◆ La politique fait référence à l'action politique : faire de la politique signifie participer activement à des discussions, à des débats, à des **conflits** qui sont d'intérêt public. C'est donc défendre des intérêts, des idées, des valeurs et, ultimement, participer à la dynamique, à la vie de la **Cité** et tenter d'en influencer la gouverne.

Ainsi, on peut très bien faire de la politique en s'impliquant dans son syndicat ou en le dénonçant, en participant à la grève étudiante ou en étant contre, en fondant un groupe écologiste ou en finançant une entreprise pollueuse, etc.

« La politique ne se limite pas à l'activité partisane mais inclut toutes celles qui favorisent la participation des citoyens [...] . On ne peut plus accepter aujourd'hui que la tradition ou la foi détermine à notre place ce qui est bien. Le salut provient de la délibération. Et la délibération est au cœur de la politique. La politique est le seul moyen de contrer la bureaucratie, le déterminisme technologique, l'hégémonie des pouvoirs économiques et la tyrannie des experts » (Venne, 23 juillet 2001, p. A6).

POLITIQUE (LE)

◆ Du grec *polis*. Phénomène propre aux êtres humains, qui consiste principalement – mais non exclusivement – à vivre en cité, en État. Le phénomène politique peut être abordé sous deux angles essentiels : il s'agit d'un groupe de personnes (l'aspect sociologique) organisé (l'aspect institutionnel) et qui doit faire face à des réalités ou à des problèmes d'intérêt public exigeant que des choix soient faits, que des décisions soient prises.

Dans un premier temps, nous sommes en présence d'un groupe de personnes, d'une société humaine (allant du simple village à la communauté internationale), regroupant plusieurs **acteurs** aux intérêts et valeurs qui peuvent converger, diverger ou s'opposer, et qui animent la vie de la société. La nécessité de faire des choix ou de prendre des décisions politiques (qui concernent donc l'ensemble de la Cité) engendre des **conflits** et des rapports de pouvoir (pouvant aller de la simple discussion à l'affrontement armé) opposant acteurs et **idéologies**.

D'autre part, ce groupe ou cette société est organisé. Des règles, des mécanismes, des **institutions** ont été développés dans le but de régir, de contrôler ou encore de policer la vie de la société ou la dynamique politique. Ce pouvoir organisé (qui est aussi un des enjeux de conflits entre les acteurs) vise donc l'intégration des acteurs, la régulation des conflits et tente d'assurer la gouverne de la société.

L'organisation et le fonctionnement du pouvoir, les modes de **gouvernement** et donc les **régimes politiques** constituent le deuxième aspect du phénomène politique.

Le politique, qui est aussi l'objet d'étude de la **science politique**, ne se laisse pas cerner facilement. Bien que l'État, cité des **Temps modernes**, soit une des principales manifestations du phénomène politique, ce dernier est beaucoup plus vaste. En effet, l'espace du politique ne saurait être limité aux seuls politiciens, confondu avec l'**électoralisme** ou restreint aux cadres de l'État. Nombreux sont les types d'**acteurs** politiques (allant du simple **citoyen** aux **organisations internationales**) et les lieux où le pouvoir s'exerce : le couple[2], la famille, l'école, la communauté de croyants, le travail, les médias, l'économie, etc., sont autant de manifestations du phénomène politique.

POLITIQUE (UNE)
◆ Ensemble des principes qui orientent les prises de position ou les attitudes d'un **acteur** politique. Par exemple, on parlera du conservatisme d'un individu, de la politique néolibérale d'un parti politique, de la politique de gauche d'un gouvernement, etc.

◆ Ensemble des règles ou des lois régissant un secteur d'activité. Par exemple, on parlera de la politique vestimentaire d'une école, de la politique d'embauche d'une entreprise, de la politique fiscale ou linguistique d'un État, etc.
⇨ POLITIQUE ÉTRANGÈRE, POLITIQUE INTÉRIEURE.

POLITIQUE ÉTRANGÈRE
◆ L'ensemble des orientations, décisions et conduites adoptées par un gouvernement au chapitre des relations extérieures, c'est-à-dire des relations de cet **État** avec le reste de la planète.

POLITIQUE INTÉRIEURE
◆ L'ensemble des orientations, décisions et conduites adoptées par un gouvernement dans le cadre des relations avec les citoyens et autres **acteurs** présents sur le territoire national.

---

2. Contrairement à l'approche traditionnelle qui limite le politique à la vie publique, le féminisme met de l'avant l'idée que « le privé est politique ».

POLITOLOGUE

⇨ POLITICOLOGUE.

POPULATION

◆ Terme générique pour l'ensemble des habitants d'un pays, d'une province, d'un territoire, d'une ville, etc. Terme neutre qui ne présume ni de l'existence d'une **nation** unitaire, ni ne tient compte du statut des habitants en question (citoyens ou pas, immigrants ou non, etc.).

POPULISME

◆ Au plan politique, discours et attitudes de certains dirigeants, fondés sur les opinions et les pressions populaires plutôt que sur les convictions politiques. Le populisme est le fait de **politiciens** ou de dirigeants charismatiques, de tendance plus ou moins autoritaire, qui prétendent représenter le peuple (réduit aux termes de «monde ordinaire», de «classe moyenne», ou encore de «majorité silencieuse»), promettant de lui redonner le droit de parole et le pouvoir «usurpés». Ils se présentent généralement comme les champions de la stabilité politique et économique, voire de la loi et de l'ordre, d'une certaine forme de justice sociale et d'intervention de l'État (travail pour tous, contrôle des salaires, politique fiscale rigoureuse, **protectionnisme**, etc.) et d'un **nationalisme** plus ou moins exclusif.

POSTMODERNITÉ

◆ Notion très contestée et dont la signification en sciences humaines reste pour le moment assez imprécise.

Selon la plupart des auteurs qui utilisent ce concept et revendiquent sa pertinence, le terme suggère qu'en Occident, nous entrons depuis 30 ans dans une nouvelle ère, une nouvelle période historique. Les **Temps modernes** sont révolus. À l'instar de la Renaissance, cette charnière entre le Moyen Âge et les Temps modernes, la postmodernité serait une période pivot, qui annonce la venue d'une nouvelle époque dans l'histoire de l'humanité. Notre rapport au monde est à nouveau profondément bouleversé, tout comme ce fut le cas à l'aube des Temps modernes. Dans leur vie culturelle, sociale, économique, politique et spirituelle, les êtres humains sont littéralement en train de changer de **paradigme**. Le projet des Lumières est épuisé. Les êtres humains ne se définissent plus du tout de la même façon. Conséquemment, leur façon de vivre est en train de changer radicalement, notamment au plan politique (Boisvert, 1995, p. 67-105). C'est la fin des **idéologies**. La **classe politique** opère en vase clos. Les citoyens ne croient plus ni aux **partis**, ni aux **classes**, ni aux **nations** ; ces catégories sont périmées. Avec la sphère privée qui revendique plus d'espace, c'est le **politique** qui prend de nouvelles formes : ici le triomphe de la majorité silencieuse, là une **société civile** ultra-pluraliste mais expurgée de toute logique **partisane**, là encore ces jeunes qui font du *no future* un programme. Même l'**État** changerait de nature : il subirait une dynamique d'éclatement, sous l'influence d'une myriade de petites communautés locales réclamant leur autonomie au nom d'une identité spécifique et d'une (éco)logique du *small is beautiful.*

POUVOIR

◆ Au sens large, être en mesure ou avoir la capacité d'agir ou de faire quelque chose (liberté, autonomie, **indépendance**, **souveraineté**).

◆ Caractérise un certain type de relations ou de rapports sociaux. Dans ce sens, il s'agit de la « capacité d'un individu ou d'un groupe d'exiger et d'obtenir d'un autre individu ou groupe la réalisation de ce que ces derniers n'auraient pas fait spontanément » (Debbasch et Daudet, 1992, p. 342). Synonymes : influence, autorité, force.

◆ Droit (exercé par des individus, des groupes ou des institutions) ou capacité légale et donc codifiée de prendre des décisions exécutoires, de statuer, de décréter, d'ordonner, ou de trancher. Dans un sens plus précis, synonyme d'autorité ou de pouvoir public (municipal, régional ou national) et, ultimement, du pouvoir de l'État. Dans ce cas, le pouvoir est fondé, en dernière instance, sur le monopole de la contrainte physique.

Souvent honni parce qu'il est associé à des situations de domination, de **privilèges** et d'inégalités, le pouvoir peut être aussi considéré comme étant une garantie contre le désordre et à la base de la paix civile. Objet d'étude privilégié en **science politique**, le pouvoir est à la fois le produit des inévitables conflits d'intérêts ou d'idées qui opposent les différents **acteurs politiques** au sein de la **Cité,** et le moyen de contenir ou de policer ces mêmes conflits.

PRÉBENDE
◆ Du latin *praebendus*, qui doit être fourni. Allocation généreuse ratta-chée à une fonction ou une charge publique, attribuée le plus sou-vent par le régime en place à une personne qui l'appuie.

PRÉCÉDENT
◆ Fait, manière d'agir ou décision antérieure qui peut servir d'exemple et permettre de comprendre ou de justifier une situation analogue.

◆ Au plan judiciaire, jugement qui établit des principes qui pourront être invoqués dans des causes similaires à venir. L'ensemble de ces jugements constitue la jurisprudence.

PREMIER MINISTRE
◆ En régime parlementaire, le premier ministre est chef du gouverne-ment et donc responsable du pouvoir **exécutif**. Il nomme (et démet) les ministres et dirige le Cabinet ou le Conseil des ministres.

Sauf exception, le premier ministre est le chef du parti politique qui a la confiance du **Parlement** ou de la **Chambre**. Normalement, il s'agit du chef du parti qui a fait élire le plus grand nombre de can-didats aux élections générales (en autant qu'il soit lui-même élu député).

PRÉSIDENT
◆ Celui qui dirige une assemblée, un groupe ou une société et dont les fonctions sont d'organiser le travail, de diriger les débats, de mainte-nir l'ordre, d'être le porte-parole officiel et, parfois, de trancher pour certaines décisions.

◆ Personnage de premier plan dans une **république** : le président en est le **chef d'État**. Il en est ainsi en régime présidentiel, où le président peut cumuler les fonctions de chef d'État et de chef du gouvernement.

PRÉVARICATION

◆ Geste illégal ou très douteux posé par un fonctionnaire, dans le cadre de son travail, pour son propre bénéfice ou celui d'un proche : abus de pouvoir, détournement de fonds, malversation, trafic d'influence, corruption, exaction, népotisme, etc. À l'échelle de la planète et depuis des siècles, mettre un terme à la prévarication est l'objectif officiel de maintes administrations publiques et de maints gouvernements...

⇨ FAVORITISME.

PRINCE

◆ Depuis la publication, en 1513, du livre de Machiavel (Niccolò Machiavelli) intitulé *Le Prince*, l'expression désigne plus que le titulaire d'un titre de noblesse, mais aussi, de façon générale, celui qui exerce le pouvoir, le détenteur de la **souveraineté**.

⇨ MACHIAVÉLIQUE.

PRIVATISATION

◆ Cession (ou, dans certains cas, rétrocession) au secteur privé, de la propriété ou de la gestion d'une entreprise ou d'un service jusque-là contrôlé par le secteur public, donc par l'État. Faisant partie des grandes stratégies du **néolibéralisme**, la privatisation est présentée par la **droite** comme un des éléments de solution aux difficultés économiques de l'État.

PRIVILÈGE

◆ Avantage indu ou droit particulier attribué à un individu ou à une catégorie d'individus qui en bénéficie à l'exclusion des autres.

PROCLAMATION ROYALE DE 1763

◆ Après la **Conquête** de 1760 et à la suite du traité de Paris, la Proclamation royale de 1763 vise à réorganiser le territoire et l'administration de certaines colonies britanniques de l'Amérique du Nord.

Ainsi, l'ancien territoire de la Nouvelle-France, devenu le Québec, est réduit au pourtour de la vallée du Saint-Laurent (donc, coupé de ses alliés amérindiens, des pêches et de la traite des fourrures). La Proclamation royale prévoit l'application immédiate des lois anglaises. La colonie sera désormais dirigée par un gouverneur et son conseil, nommés par Londres et une chambre d'assemblée sans **responsabilité ministérielle** devra être élue (en fait, elle ne verra jamais le jour). Le régime seigneurial est aboli et remplacé par le système britannique de gestion des terres agricoles. L'évêque catholique est désormais soumis à l'autorité du roi d'Angleterre. Tout catholique et, à toute fin pratique, tout francophone qui veut occuper un poste au sein de l'administration devra adjurer sa foi (serment du Test). Or, contrairement à l'esprit et à la lettre de la Proclamation royale, et ce, pour de nombreuses raisons tant locales que continentales, les premiers gouverneurs anglais adopteront une politique de conciliation avec les élites canadiennes-françaises (seigneurs et clergé catholique). Cette collaboration trouvera son expression dans l'**Acte de Québec**, en 1774.

Enfin, à la suite des soulèvements et de la résistance des Amérindiens contre les Britanniques (sous la direction de Pontiac notamment) et pour s'assurer le contrôle des vastes territoires à l'ouest, la Proclamation royale reconnaît l'existence de droits aux autochtones et désigne la Couronne (soit le gouvernement britannique) comme « protectrice » de ces droits.

PRODUCTIVISME

◆ **Idéologie** qui fait de la croissance ininterrompue de la production l'objectif premier de toute société et la condition indispensable du progrès, de la prospérité et du développement collectifs. En ce sens, les indicateurs économiques (PIB, PNB, solde de la balance commerciale, volume des exportations, etc.) sont prioritaires pour les tenants de l'idéologie productiviste, au détriment de l'environnement et de la qualité de vie.

⇨ DÉVELOPPEMENT DURABLE.

PROGRAMME POLITIQUE

◆ Document écrit, généralement assez détaillé et précis, décrivant les fondements ou les principes de base d'un groupe ou d'un **parti**, de même que ses intentions, ses buts, voire son projet de société et les moyens d'action qu'il entend mettre de l'avant pour y arriver. Dans le cas des partis politiques, plus particulièrement en période électorale, il s'agit en quelque sorte d'un engagement, à tout le moins moral, vis-à-vis de la population. Dans l'éventualité où un parti gagne les élections, ses dirigeants, qui forment le **gouvernement**, ont une fâcheuse tendance à prendre une distance par rapport au programme. Ce dernier peut donc rester en tout ou en partie lettre morte, ce qui nuit à la crédibilité des politiciens, des partis et de la vie politique.

⇨ PLATE-FORME ÉLECTORALE.

PROGRESSISTE

◆ De façon générale, on qualifie de progressistes des **idéologies** de tendances diverses, mais qui partagent l'idée d'un progrès continu et ascendant de l'humanité.

◆ Caractérise la position de ceux qui sont partisans de réformes profondes, lesquelles, selon le contexte, favorisent les besoins et les intérêts de classes sociales ou de groupes qui sont discriminés, dominés, voire exploités. Sur l'axe idéologique gauche/droite, les progressistes, partisans de la justice, de l'égalité et de la démocratie, sont situés à **gauche**.

PROLÉTARIAT

◆ **Classe sociale** formée par l'ensemble des ouvriers et ouvrières, c'est-à-dire des personnes qui doivent leur subsistance à la vente de leur force de travail (contre un salaire). Selon Marx, le prolétariat, classe numériquement majoritaire, est exploité par la **bourgeoisie** (minoritaire) et doit mettre un terme à cette exploitation grâce à une **révolution** qui permettra le passage au **socialisme**, un **mode de production** qui répartit mieux le produit du travail et vise à éliminer l'injustice économique.

PROPAGANDE

◆ Information faisant la promotion d'une cause et diffusée par divers moyens (la parole, la presse écrite et électronique, des affiches ou des créations artistiques). La raison d'être de la propagande n'est pas la diffusion de la connaissance ou l'analyse des faits. Son but premier est d'amener l'opinion publique à soutenir des idées, une **doctrine**, un **gouvernement** ou un **homme politique**, de gagner l'adhésion, de susciter un engagement et/ou de discréditer les points de vue opposés. Tout en n'étant pas forcément mensongère, la propagande tend souvent à prendre certaines libertés avec la vérité : exagération, déformation, manipulation, **désinformation**, etc.

⇨ DÉMAGOGIE, POPULISME, TOTALITARISME.

PROTECTEUR DU CITOYEN

⇨ OMBUDSMAN.

PROTECTIONNISME

◆ Contraire de **libre-échange**. Politique économique adoptée par une province, un pays, voire un continent (exemple : **Union européenne**) voulant protéger les producteurs locaux de la concurrence qui leur serait faite par les produits en provenance de l'extérieur. Divers outils sont à la disposition d'un **État** : imposition de droits de douane ou de quotas à l'importation, politique d'achat préférentiel aux entreprises nationales, mesures fiscales ou budgétaires aidant la production locale, etc. Il s'agit donc de protéger le marché intérieur en rendant moins accessibles ou moins avantageuses les marchandises importées.

PROTECTORAT

◆ Territoire ayant un statut « transitoire » : il n'est plus une **colonie**, puisqu'il est doté de son propre **État** ayant les pleins pouvoirs sur les affaires intérieures, et n'est pas encore un État **souverain**, puisqu'en matière internationale, les pouvoirs sont exercés par un pays protecteur, généralement une grande **puissance**. Un tel statut peut se justifier par l'incapacité de l'État protégé, qui est naissant, d'assurer lui-même sa défense, sa sécurité, son intégrité face à un ennemi ou en cas de **guerre**. Le plus souvent, cette situation cache la volonté de la puissance protectrice qui désire préserver sa **zone d'influence** dans la région. Par exemple, les *dominions* de la couronne britannique ont expérimenté avec l'Angleterre une relation semblable à celle d'un protectorat.

⇨ DOMINION.

PROVINCE

◆ Du latin *provincia*, de *vincere*, vaincre. Désigne des divisions à l'intérieur d'un **empire** (romain ou britannique, par exemple), d'un royaume (la Belgique ou les Pays-Bas) ou d'un **État** (le Canada). En France, le terme, au singulier, désigne l'ensemble du pays à l'exception de la capitale.

◆ Au Canada, dénomination de 10 des 13 entités géopolitiques qui constituent la **fédération**. Ayant toutes les caractéristiques d'un **État**, leur **souveraineté** politique est toutefois limitée à un certain nombre de champs de **compétence** exclusifs (santé publique, affaires sociales, éducation, ressources naturelles, etc.) ou partagés (avec le **gouvernement** fédéral, comme c'est le cas pour la fiscalité, l'agriculture, l'immigration, etc.). Les pouvoirs des provinces sont précisés et garantis par la **Constitution**, entre autres, dans l'**Acte de l'Amérique du Nord britannique (1867)** et dans la **Loi constitutionnelle de 1982**. Ils sont aussi, et surtout peut-être, le résultat de rapports de force et de négociations avec le gouvernement fédéral, de même que de jugements émis par des tribunaux, dont la Cour suprême du Canada au premier chef.

Initialement, en 1867, les provinces étaient conçues comme un ordre de gouvernement secondaire, soumis au fédéral (**lieutenant-gouverneur** nommé par le fédéral, droit de désaveu, etc.). Or, les gouvernements provinciaux sont devenus politiquement, sinon juridiquement, des interlocuteurs égaux du fédéral. D'autre part, s'il existe un principe d'égalité entre les provinces, le Québec possède certaines caractéristiques qui lui sont propres : son **code civil**, son droit de retrait (avec pleine compensation financière) de certains programmes fédéraux, ses pouvoirs particuliers dans le domaine de l'immigration, etc. De plus, le statut de la province de Québec a été et continue d'être l'objet de discussions et de conflits : province «comme les autres», statut particulier, société distincte, société à caractère unique, État souverain et associé, etc. La question du Québec demeure entière.

PUISSANCE

◆ Grand pouvoir, capacité importante, forte influence, force active, autorité.

◆ Personnes ou groupes qui, dans la société, sont investis de ces attributs. Exemples : « la puissance publique » (l'**État**), « la puissance religieuse » (l'Église), etc.

◆ En relations internationales, on utilise le terme « puissance » pour désigner un pays influent à l'échelle d'une région, d'un continent, du globe ou encore dans un secteur d'activité donné. À la limite, tous les États sont des puissances, que l'on pourra classer ainsi : superpuissances, grandes puissances, puissances moyennes, petites puissances, etc. Les critères habituellement utilisés pour procéder à ce classement sont d'ordre géographique (superficie, avantages **géopolitiques** et **stratégiques**, etc.), démographique (population), économique (ressources naturelles, richesses accumulées, dynamisme de l'activité, etc.), politique (**diplomatie**, forces armées, etc.), **idéologique** (rayonnement culturel à l'extérieur des frontières, capacité de mobilisation à l'interne, etc.), etc.

PUTSCH
⇨ COUP D'ÉTAT.

Q

QUART-MONDE
◆ Au sein du **tiers-monde**, groupe de pays les moins avancés (PMA) et pour lesquels le **développement** pose des défis extraordinaires. Selon la **BIRD**, trois raisons (la grande pauvreté des habitants, le faible taux d'alphabétisation, la faible industrialisation de l'économie) permettent de cibler ainsi un groupe d'environ 40 pays du **Sud** particulièrement défavorisés. Parmi ceux-ci : Mozambique, Éthiopie, Soudan, Bangladesh, Haïti.

QUORUM
◆ Nombre minimum de membres qui doivent être présents pour qu'une assemblée (étudiante, syndicale, législative, etc.) puisse valablement

siéger, délibérer et prendre des décisions. Le quorum est généralement précisé dans les statuts et règlements de l'association ou de l'institution en question.

R

RACE
◆ Au sens large, subdivision au sein de l'espèce. Dans le cas de l'espèce humaine, le bien-fondé scientifique du concept de race n'a jamais été démontré clairement. Bien au contraire, l'étude des gènes ne montre pas d'adéquation nette entre les supposées « races » et le patrimoine génétique des individus qui les composent. Biologiquement donc, il est impossible de découper précisément les contours d'une race ou d'une autre.

La notion de race (les Blancs, les Noirs, etc.) et le terme « race » demeurent toutefois d'usage très courant, y compris en sciences humaines. Le mot « race » désigne une très vaste famille d'êtres humains ayant en commun certains traits physiques tels que la couleur de la peau, la morphologie du visage, le gabarit, etc. Il exclut d'emblée les considérations culturelles (langue, mœurs), politiques (**nationalité**) et psychiques (caractères intellectuels).

⇨ ETHNIE.

RACISME
◆ Comportement consistant à dénigrer, à mépriser ou à exploiter des individus, à réduire leurs droits, à s'attaquer à leur intégrité, à leur refuser les mêmes possibilités et la même place dans la société, sur la simple base de leur appartenance raciale ou ethnique. Le racisme peut être pratiqué par des individus, groupes, institutions ou États (ainsi l'apartheid en Afrique du Sud, jusque dans les années 90).

◆ **Idéologie** voulant que la nature ait établi des différences d'aptitudes, de qualités, voire de destinées entre les races et servant à justifier la discrimination ou d'autres comportements racistes. Cette **doctrine** a longtemps été alimentée par les travaux scientifiques, avant le XXe siècle en particulier, mais l'idée qu'il existe des inégalités d'ordre héréditaire entre les races est complètement discréditée par la recherche aujourd'hui. La pensée raciste apparaît donc maintenant dans le meilleur des cas comme un égarement de l'esprit et dans le pire, comme une preuve de perdition morale, de démence. En effet, au cours du XXe siècle, l'idéologie raciste a servi à légitimer des entreprises d'une atrocité ahurissante (génocide des Arméniens, des Juifs, des Tutsis rwandais, etc.). Aucun pays n'est à l'abri des idées racistes car les voies qui peuvent y mener sont multiples : difficultés économiques, débats sur l'immigration, visées **impérialistes**, et parfois... **nationalisme**.

⇨ ANTISÉMITISME, CHAUVINISME, XÉNOPHOBIE.

RADICALISME
◆ Attitude politique associée à des prises de position de principe, arrêtées, tranchantes, voire radicales. Les radicaux (le terme vient du latin *radicalis*, pour racine), sont tenants de changements profonds et fondamentaux et donc peu favorables aux compromis. Sur un axe gauche/droite, ils peuvent être situés près des extrêmes.

RAISON D'ÉTAT
◆ Principe qui place la sécurité et la sauvegarde de l'**État** au-dessus de toute autre considération, qu'il s'agisse d'intérêts particuliers ou régionaux, de considérations morales ou éthiques. La raison d'État étant associée, à tort ou à raison, à l'intérêt public, des dirigeants ont pu, sous prétexte de raison d'État, faire des gestes illégaux ou passer outre la **Constitution**.

RAPPORTS DE PRODUCTION
◆ Concept propre à la théorie marxiste qui désigne l'organisation des relations entre êtres humains – non seulement au travail, mais aussi dans les divers aspects de leur vie – prévalant dans un **mode de production** donné. Ils englobent diverses réalités comme les caractéristiques du processus de production (division du travail, techniques utilisées, etc.), les règles relatives aux échanges, à la propriété, à l'organisation du travail ainsi que tout le cadre juridique permettant un tel ordre des choses. Aussi appelés « rapports sociaux ».

Selon l'analyse marxiste, les rapports de production qu'a connus l'humanité depuis l'Antiquité étaient tous des rapports d'exploiteurs à exploités. « Les principaux [...] sont les suivants : les rapports d'esclavage, où le maître est non seulement propriétaire des moyens de production mais aussi de la force de travail (de l'esclave) ; les rapports de servitude, où le seigneur est propriétaire de la terre et où le serf, qui est sous la dépendance du seigneur, doit travailler gratuitement pour lui un certain nombre de jours par année ; finalement, les rapports capitalistes, où le capitaliste est le propriétaire des moyens de production et où l'ouvrier doit vendre sa force de travail pour pouvoir vivre » (Harnecker, 1974, p. 38).

Rapports marchands

◆ Rapports basés essentiellement sur la valeur marchande, c'est-à-dire la valeur d'échange sur le marché. Tout particulièrement de nos jours, l'économie capitaliste (axée sur l'accumulation maximale, la compétitivité et la maximisation des profits) fait en sorte que les choses, les personnes, les ressources, la nature, le temps, etc., sont perçus comme des possibilités de gains en capital et sont évalués strictement sous l'angle de coûts et bénéfices au plan financier.

Réactionnaire

◆ Qualifie une attitude réfractaire au changement.

◆ De façon plus précise, on qualifie de réactionnaires des **acteurs** ou des positions politiques qui, dans un contexte donné, vont dans le sens des besoins et des intérêts de classes sociales ou de groupes dominants ou privilégiés. Sur l'axe idéologique gauche/droite, « la réaction » correspond à la **droite**.

Rébellion de 1837-1838

◆ Les **insurrections**, au Haut-Canada et au Bas-Canada, sont causées, entre autres, par des années successives de mauvaises récoltes, une situation de crise économique qui perdure, des conditions de vie misérables pour la grande majorité de la population, de même que par l'intransigeance de Londres et des classes privilégiées. De plus, une crise politique est en germe dans l'**Acte constitutionnel de 1791**, lequel attribuait tous les pouvoirs au gouverneur et à son conseil législatif, nommés par Londres, laissant l'Assemblée élue par la population sans aucun pouvoir.

Au Haut-Canada, une clique de conservateurs privilégiés, unis par les liens familiaux et par la corruption et alliés au gouverneur, le *Family Compact*, contrôle le Conseil législatif et exerce le pouvoir. W. L. Mackenzie, dirigeant réformiste élu à l'Assemblée, prend la tête d'un vaste mouvement d'opposition qui réclame la **responsabilité ministérielle**, de même que le contrôle de l'administration et des terres de la Couronne. Après l'échec des négociations avec Londres, l'opposition se radicalise et lance un appel à l'insurrection, laquelle sera écrasée par les troupes britanniques.

Au Bas-Canada, sur la même toile de fond, se développe une situation plus complexe : aux difficultés sociales et économiques et à la crise politique se superpose un conflit « national ». Alors que l'Assemblée élue est en majorité « canadienne-française », le pouvoir est aux mains du gouverneur et de son conseil, postes qui sont très largement contrôlés par des anglophones. En outre, plusieurs éléments contribuent à faire planer une menace sur l'identité nationale des Canadiens français : mentionnons deux projets d'union des deux Canada (1811, puis 1822), une immigration de plus en plus importante essentiellement anglophone et le fait qu'une partie des terres soit réservée aux agriculteurs anglais (Cantons de l'Est et Outaouais), etc.

À la lutte pour la démocratie parlementaire et contre les privilèges s'ajoutent donc des revendications nationales. Après l'échec des négociations avec Londres et bénéficiant d'appuis populaires importants, les radicaux du Bas-Canada (regroupés au sein du Parti patriote et dirigés par Louis-Joseph Papineau, Wolfred Nelson et Olivier Chénier) réclament l'**indépendance** de la colonie. Après trois semaines de lutte armée sporadique (automne 1837) et après une deuxième tentative qui avortera en 1838, les forces rebelles, inférieures en nombre, mal équipées et mal dirigées, seront elles aussi écrasées par les troupes britanniques.

RÉFÉRENDUM

◆ Consultation populaire qui permet à l'ensemble des citoyens de se prononcer directement sur un projet, en l'approuvant (le « oui ») ou en le rejetant (le « non »). Un référendum peut être consultatif (comme c'est le cas au Québec) ou décisionnel (en France, par exemple, il s'agit d'un mode d'amendement de la Constitution). Le cas échéant, chaque État possède ses propres lois concernant les référendums. Ainsi, bien qu'en général les dirigeants du gouvernement demandent à faire un référendum, une assemblée législative (c'est le cas notamment dans

certains États américains) ou encore la population (au niveau municipal au Québec, par exemple) peut aussi en avoir l'initiative.
⇨ PLÉBISCITE.

RÉFORMISME
◆ Qualifie l'attitude politique qui consiste à favoriser des réformes
dans les domaines sociaux, économiques ou politiques. Contrairement aux **révolutionnaires**, tenants de changements rapides et
profonds, les réformistes proposent des changements partiels et
complémentaires, à faire à plus ou moins long terme et toujours en
utilisant des moyens respectueux des lois et des **institutions**.

RÉFUGIÉ
◆ Selon la Convention de Genève, « est réfugiée toute personne, crai-
gnant avec raison d'être persécutée du fait de sa race, de sa religion,
de sa nationalité, de son appartenance à un groupe social ou de ses
opinions politiques : a) qui se trouve hors du pays dont elle a la
nationalité et ne peut ou ne veut se réclamer de la protection de ce
pays ; b) qui, si elle n'a pas de nationalité et se trouve hors du pays
dans lequel elle avait sa résidence habituelle, ne peut ou ne veut y
retourner ».
  Selon le Haut-Commissariat aux réfugiés de l'**ONU**, il y a environ
20 millions de réfugiés dans le monde, principalement à cause des
guerres civiles et des conflits ethniques ou régionaux. À ce nombre,
« il faut ajouter 25 millions de personnes déplacées à l'intérieur de
leur propre pays, fuyant des violences généralisées, des conflits ou
des atteintes aux droits de l'homme » (*L'état du monde 1995*, p. 625).
La très grande majorité des réfugiés trouve asile dans les pays du
tiers-monde ; seule une petite minorité d'entre eux parvient à émi-
grer dans les pays riches et développés.

RÉGIME
◆ Du latin *regere*, pour gouverner. Forme de **gouvernement** d'une société
(monarchie, oligarchie, démocratie, république, théocratie, etc.). Une
typologie classique des régimes politiques est fondée sur le mode
d'organisation des pouvoirs législatif, exécutif et judiciaire de l'État
moderne. Sur cette base, on distingue trois grands types de régimes :
les régimes de concentration, de séparation et de collaboration des pouvoirs, soit la dictature et les régimes présidentiel et parlementaire.

Régime fasciste

◆ Une des variantes possibles du régime de **parti unique**. Outre le projet de société qu'il poursuit (voir **fascisme**), ce qui caractérise le régime fasciste est la place exagérée que prend l'appareil d'État, au point de contrôler les moindres aspects de la vie. Ce gigantesque État « embrasse les plus diverses manifestations de l'activité sociale : la vie familiale, la vie économique, la vie intellectuelle, la vie religieuse, etc. Son indiscrétion est complète. Il pénètre à l'intérieur des familles, des entreprises ; il descend dans le secret des consciences ; il juge des intentions et des abstentions ; il retire son sens au qualificatif " privé " [...]. Il dirige le travail, mais il s'occupe aussi " d'après le travail " ; il proscrit certains spectacles et en prescrit d'autres qu'il suscite ; il emmène les enfants en colonie de vacances et les jeunes mariés en voyage de noces... » (Prélot et Lescuyer, 1990, p. 678).

Régime militaire

◆ Régime politique dictatorial instauré généralement après un **coup d'État** perpétré par des militaires. Dès la conquête du pouvoir, ceux-ci adoptent un système de gouvernement **autoritaire** dans lequel ils conservent un rôle prépondérant.

Les régimes militaires étaient très communs en Amérique jusqu'à la fin des années 80 ; actuellement, on les trouve surtout en Afrique (Gambie, Libye, Nigéria, Togo...) et en Asie (Birmanie-Myanmar, Indonésie, etc.).

Régime parlementaire

◆ Régime politique d'origine britannique caractérisé par l'existence d'un **parlement** au sein duquel siègent les titulaires des pouvoirs législatif et exécutif. Alors que le pouvoir législatif est exercé par l'ensemble du Parlement, le pouvoir exécutif ou gouvernemental est contrôlé par un premier ministre (le chef du parti majoritaire au Parlement) et son cabinet ou conseil des ministres (ceux-ci étant choisis par le premier ministre parmi les membres du Parlement).

Si on constate une certaine **séparation des pouvoirs** (ils sont confiés à deux institutions différentes), cette même séparation est relative (contrairement au régime de type présidentiel), car l'exécutif est partie intégrante du législatif. On parlera donc, dans ce cas, de collaboration des pouvoirs : l'exécutif propose les grandes orientations législatives et est responsable de la mise en œuvre des lois et de l'administration publique, alors que le législatif étudie, débat et vote les projets de loi et contrôle l'exécutif. Le premier ministre et ses ministres doivent donc répondre directement devant le Parlement de la gouverne et de l'administration publique (entre autres au moment de la « période de questions »).

À la limite, il y a dépendance organique entre les tenants des deux pouvoirs : d'une part, le premier ministre peut dissoudre le Parlement et donc convoquer des élections générales ; d'autre part, le Parlement peut retirer sa confiance au gouvernement et donc révoquer l'exécutif (c'est la **responsabilité ministérielle**).

RÉGIME PRÉSIDENTIEL

◆ Régime politique basé sur l'application rigoureuse du principe de la **séparation des pouvoirs** législatif, exécutif et judiciaire, qui sont confiés à trois institutions distinctes et indépendantes. Un président, élu directement par la population (devant laquelle il est responsable), est chef du gouvernement et contrôle donc le pouvoir exécutif. Une ou des assemblées électives (Parlement, congrès, etc.), elles aussi directement responsables devant le peuple, sont titulaires du pouvoir législatif. Enfin, le pouvoir judiciaire est confié à des tribunaux indépendants des deux premiers pouvoirs.

Généralement, une **constitution** de type présidentiel prévoit un ensemble de mesures permettant à chacune des institutions de faire contrepoids aux pouvoirs de l'autre, assurant un certain « équilibre » du pouvoir (en anglais, le système de *checks and balance).*

RÉGION

◆ Au sens large, désigne une portion de l'espace international (le Moyen-Orient ou l'Afrique australe, par exemple) ou une subdivision à l'intérieur d'un **État** (les Prairies ou les Maritimes au Canada). Bien que le terme soit d'usage courant en géographie tout comme en **science politique**, il est pratiquement impossible d'en donner une définition exacte et arrêtée. Les critères permettant de préciser les contours d'une région sont nombreux et varient selon les besoins de la cause : caractéristiques géographiques et physiques et/ou données démographiques, sociologiques et économiques, ou encore statuts politiques ou particularités administratives, etc.

◆ Au Québec, structure administrative du territoire ayant un statut légal. La **loi** québécoise reconnaît, en effet, l'existence de 17 régions (Abitibi-Témiscamingue, Bas-Saint-Laurent, Gaspésie, Saguenay–Lac-Saint-Jean, etc.). Développée dans une perspective de **décentralisation** de l'**administration publique**, cette structure vise à rapprocher les responsables des services et la population qui est directement concernée. L'existence de régions devrait favoriser une plus grande efficacité administrative et permettre une meilleure coordination entre les **acteurs** locaux et ceux du **gouvernement** du Québec.

RÉGIONALISME
◆ Mouvement ou orientation politique qui favorise l'**autonomie** administrative et/ou politique des **régions**.

RÈGLEMENT
◆ Au sens large, règle générale et impersonnelle, habituellement écrite, qui s'applique à un nombre indéterminé de personnes ou de situations ; les règlements scolaires, par exemple.

◆ De façon plus précise, décision qui émane d'une **autorité** politique constituée, autre que le **Parlement**. Il peut s'agir du **Conseil des ministres** (règlement ministériel), d'un conseil municipal (règlement municipal) ou encore d'une autorité administrative (règlement administratif). Ce pouvoir, dit réglementaire, est encadré par la **loi**, et les règlements qui en sont le produit ont force de loi. Dans le cas des règlements ministériels ou administratifs, il s'agit d'un prolongement de la loi, de précisions concernant la mise en application d'une loi.

⇨ ARRÊTÉ.

RELATIONS INTERNATIONALES

◆ Au sens strict : rapports que les **États** entretiennent entre eux. Toutefois, une foule d'autres **acteurs** s'imposent par leur présence et leur rôle sur la scène mondiale : peuples, communautés de croyants, organisations intergouvernementales, alliances militaires, firmes multinationales, mouvements sociaux, ONG, etc.

◆ Champ d'étude en **science politique** (mais aussi en droit, en géographie, en histoire, en économie, en sociologie, etc.) dont l'objet est décrit au paragraphe précédent. La spécialité des relations internationales est l'analyse scientifique des phénomènes internationaux pour les décrire, les expliquer, les décoder, les comprendre. Pour cela, plusieurs théories et écoles s'offrent à l'étudiant et au chercheur. On peut les regrouper en trois grandes familles : les réalistes, les idéalistes et les révolutionnaires. De plus, on peut distinguer divers sous-champs ou spécialités en relations internationales : études stratégiques, politique étrangère des États, intégration économique régionale ou planétaire, **géopolitique**, etc. Toutes (disciplines, théories, écoles et spécialités) concourent à saisir les facteurs, les mécanismes, les lois déterminant les faits internationaux et contribuent à l'étude des relations internationales.

REMANIEMENT MINISTÉRIEL

◆ En **régime parlementaire**, modification partielle de la composition du **Conseil des ministres** et donc du **gouvernement**. Décision du **premier ministre**, un remaniement ministériel peut impliquer une redistribution des responsabilités entre les **ministres**, mais aussi l'admission de nouveaux membres au sein du Conseil et/ou l'exclusion d'autres membres de ce même conseil. Un remaniement ministériel peut être « mineur » ou « important ». Dans ce dernier cas, le premier ministre peut vouloir éviter la sclérose de son gouvernement, donner une nouvelle direction et donc une nouvelle orientation politique à certains ministères, ou encore, en période préélectorale, il peut annoncer le type de direction qu'il entend donner à son éventuel nouveau gouvernement.

REPRÉSENTATION PROPORTIONNELLE

◆ Principe à la base de certains **modes de scrutin**, selon lequel les **partis** politiques devraient obtenir un pourcentage de **sièges** (au sein de l'Assemblée) qui soit équivalent au pourcentage du nombre de **votes** exprimés qu'ils ont obtenu lors des élections générales. Bien qu'il existe plusieurs variantes de la représentation proportionnelle (intégrale ou rapprochée, par exemple), il s'agit toujours d'un **scrutin de liste**, où l'**électeur** est appelé à choisir d'abord un parti plutôt qu'un candidat, une orientation politique plutôt qu'un représentant. Tout en étant « juste » et représentant fidèlement les différentes tendances au sein de l'opinion publique, la représentation proportionnelle favorise la multiplication des partis politiques et rend plus difficile la formation de **gouvernements majoritaires** ; on assiste alors à la mise en place de gouvernements de **coalition**, formés de représentants de deux ou plusieurs partis politiques, ce qui peut engendrer une certaine instabilité gouvernementale.

REPRÉSENTATIVITÉ
◆ Terme employé pour caractériser la situation d'un élu, d'un groupe, d'une organisation ou encore d'une institution dont les qualités sont de parler effectivement au nom d'un grand nombre de personnes et de bénéficier à leurs yeux d'une excellente crédibilité.

RÉPRESSION
◆ Action de refréner, d'étouffer, de faire taire. Dans la vie politique, forme de **cœrcition** dont l'objet est d'empêcher un mouvement, un état d'esprit ou une tendance de se manifester. Contraire à l'idéal démocratique, la répression est un instrument très prisé non seulement par les régimes **autoritaires**, mais aussi, à l'occasion, par certaines **institutions** faisant du maintien de l'ordre un absolu (autorités politiques, armée, police, etc.).

RÉPUBLIQUE
◆ Dès la Rome antique, la *res publica* ou « chose publique » désigne un mode de **gouvernement** où ceux qui détenaient le titre de **citoyen** exerçaient le pouvoir.

Depuis la Révolution française, la république se définit par opposition à la monarchie : le pouvoir, le gouvernement et la gestion de l'État étant « chose publique » contrôlée par l'ensemble des citoyens par opposition à l'autorité et à la possession personnelle d'un seul.

Plusieurs pays se définissent comme «républiques» sans pour autant être des modèles démocratiques (République islamique d'Iran, République d'Indonésie, République populaire démocratique de Corée, etc.). Le terme désigne alors la nature d'un État dont le régime – théoriquement – tire sa légitimité du peuple.

Dans une république démocratique, le chef de l'État, soit le président de la République, peut être élu directement par le peuple et exercer un pouvoir réel (République française, États-Unis d'Amérique, République sud-africaine, Mexique, Haïti, etc.), ou être choisi par les représentants du peuple et remplir alors des fonctions généralement protocolaires (les Républiques d'Italie, d'Autriche, d'Irlande, d'Israël, etc.).

RESPONSABILITÉ MINISTÉRIELLE

◆ En **régime parlementaire**, la responsabilité ministérielle permet au Parlement (le législatif) d'exercer un certain contrôle sur le gouvernement (l'exécutif). Il s'agit d'une convention constitutionnelle qui permet aux représentants du peuple (les députés de la Chambre des communes à Ottawa, ceux de l'Assemblée nationale au Québec) de questionner le gouvernement et d'exiger des comptes de celui-ci (soit le Cabinet à Ottawa ou le Conseil des ministres à Québec). Conséquemment, le premier ministre et ses ministres doivent répondre de la gouverne des affaires de l'État et de l'administration de la chose publique dont ils sont «responsables» et répondre aussi de leurs intentions, déclarations, projets, actions ou, le cas échéant, de leur silence ou de leur inaction.

Dans l'éventualité où une majorité des députés retire sa confiance au gouvernement (lors d'un **vote de confiance**, d'un **vote de censure** ou en refusant d'adopter un projet de loi gouvernemental important), l'exécutif doit alors démissionner.

A contrario, le Cabinet ou Conseil des ministres est libre de gouverner à sa guise, dans le respect des lois et de la Constitution, tant qu'il dispose de l'appui d'une majorité de députés en **chambre**. On dit alors qu'«il a la confiance de la Chambre».

Dans le cas où le gouvernement est majoritaire (un parti politique ayant fait élire une majorité absolue de députés, soumis à la discipline de parti), la possibilité de démettre le gouvernement n'est que théorique. Par contre, un gouvernement minoritaire (le parti ayant fait élire le plus de députés, mais ne disposant que d'une majorité relative des votes en chambre) risque à tout moment la défaite.

RÉVOLUTION

◆ Technique radicale de prise du pouvoir politique qui suppose une implication manifeste de larges couches de la population, l'usage de la violence pour renverser le régime en place, ainsi que son remplacement brutal par un ordre totalement neuf. La révolution signifie davantage que le simple transfert du pouvoir politique d'un groupe à un autre ; elle consiste également en une transformation fondamentale des structures d'un pays, qu'elles soient économiques, sociales, juridiques, morales, etc. Une révolution introduit un nouveau système de valeurs, porté par l'idéologie et le projet de société radicalement différent de l'ordre existant, qui ont su mobiliser le peuple : **libéralisme politique** (États-Unis en 1776, France en 1789), **socialisme** révolutionnaire (Russie en 1917, Chine en 1949), **islamisme** (Iran en 1979).

Par extension, on utilisera également le terme « révolution » pour parler d'un changement profond et général survenu dans un domaine précis de l'activité humaine : révolution industrielle, révolution scientifique, révolution sexuelle, etc.

RÉVOLUTION TRANQUILLE

◆ Période charnière dans l'histoire du Québec, s'étendant selon bon nombre d'auteurs de 1960 à 1966 – soit les deux mandats du gouvernement libéral de Jean Lesage –, marquant la rupture avec la période précédente (un Québec que l'on voulait rural, profondément catholique et dominé par le clergé) et ouvrant définitivement la voie à l'entrée de la société québécoise dans la modernité. La mort du premier ministre et chef de l'Union nationale, Maurice Duplessis (1959), annonce la fin de la « grande noirceur » au Québec et le début d'une nouvelle ère au cours de laquelle il s'agira de rattraper le retard pris face à nos voisins ou partenaires.

Deux dynamiques de changement et de progrès s'installent, parallèlement, durant la Révolution tranquille : une première, plus spectaculaire et que l'histoire retiendra davantage, est conduite par la nouvelle **élite** canadienne-française et s'exprime à travers l'appareil d'**État** ; la seconde, qu'on a parfois tendance à oublier, renvoie au mouvement d'émancipation sociale, politique, culturelle et nationale conduit par la population elle-même.

D'une part donc, la Révolution tranquille est cette vaste entreprise de réformes amorcée dans le but de moderniser le Québec et de le rendre compatible avec les nouvelles exigences de l'économie **capitaliste**. Sous la direction de l'élite, l'État joue à cet égard un rôle colossal et devient nettement **État providence**. Il dote la province d'une série d'institutions publiques et démarre de grands chantiers, non seulement en remodelant les principales infrastructures (énergie, transport, communication, etc.), mais en offrant des services publics décents : éducation (exemple : création des cégeps en 1967), santé et affaires sociales.

D'autre part, le Québec connaît aussi une effervescence animée par la **société civile** elle-même : grands débats publics, contestation, actions syndicale et ouvrière, mobilisations populaires autour de thèmes comme la langue, l'identité, l'avenir du Québec, sont à l'ordre du jour. Du côté des mœurs, des idées, de la culture, c'est l'explosion. Le **nationalisme**, qui cesse d'être canadien-français et devient québécois, connaît une montée fulgurante. Vue sous cet angle, la Révolution tranquille déborde jusque dans les années 70.

Les « acquis de la Révolution » commenceront à être remis en cause à la fin du premier mandat du gouvernement du Parti québécois, vers 1980, alors que – à l'échelle occidentale – s'abat une grave récession et s'ouvre une ère de **néolibéralisme** qui sonne le glas de l'État providence.

RIDEAU DE FER

◆ Expression utilisée par les Occidentaux, à partir de 1946, pour désigner la frontière politique coupant en deux l'Europe (du nord au sud), qui s'installe à mesure que l'URSS affermit son emprise sur ses **États satellites** et les isole du reste du continent européen, ce qui achève la division de celui-ci en deux blocs bien distincts : l'un **communiste**, à l'est, l'autre **capitaliste**, à l'ouest. Le « rideau de fer » se matérialisera plus tard sous la forme de frontières effectivement hermétiques – avec no man's land, miradors, mitrailleuses automatiques, etc. – tout le long de la limite occidentale de l'Europe de l'Est.

La première brèche qui sera percée dans le rideau de fer est l'ouverture par la Hongrie de sa frontière avec l'Autriche, en mai 1989 ; dans les mois suivants, celui-ci disparaîtra complètement, avec les transformations politiques que connaissent aussi la RDA, la Pologne, la Tchécoslovaquie, etc.

ROI NÈGRE

◆ Dirigeant fantoche. Pantin politique choisi par le colonisateur parmi les **autochtones**, et dont le rôle est d'amener ses semblables à rester dociles, à la grande satisfaction du colonisateur. Dans la bouche de certains nationalistes québécois, comme Pierre Falardeau dans son film *Le temps des bouffons*, désigne un Canadien français occupant un poste important et ayant vendu son âme aux Britanniques ou aux Canadiens anglais : « Des rois nègres à peau blanche qui parlent bilingue [...] Toute la gang des Canadiens français de service costumés en rois nègres biculturels. »

S

SANCTION ROYALE

◆ Au Canada, acte par lequel le représentant officiel de la Couronne (le **gouverneur général** au fédéral ou le **lieutenant-gouverneur** au provincial) donne son consentement à un projet de loi adopté par l'**Assemblée législative**. Vestige de la monarchie britannique, un tel consentement est nécessaire pour que la loi entre en vigueur. Un refus d'accorder ladite sanction équivaudrait à l'exercice d'un *veto*. Depuis 75 ans, le gouverneur général ne jouit plus d'une légitimité suffisante pour exercer un tel *veto*, ce qui explique qu'aujourd'hui, la sanction royale est automatiquement accordée.

SANCTIONS INTERNATIONALES

◆ Mesures cœrcitives prises contre un **État** dans le but de le « punir » parce qu'il n'a pas voulu adopter un comportement qu'on lui intimait d'adopter. Décidées par un État, un groupe d'États, ou encore par l'**ONU**, les sanctions peuvent prendre une variété de formes : bannissement, **boycott**, **embargo**, **blocus**, etc.

SCIENCE POLITIQUE

◆ Étude scientifique des phénomènes politiques en vue d'en découvrir le sens, d'en saisir la mécanique, d'en comprendre la portée. Deux questions essentielles découlent de cette brève définition : Qu'est-ce qu'un phénomène politique et comment l'étudie-t-on scientifiquement ?

Quels sont les contours du politique et à partir de quand un fait devient-il un phénomène politique ? Il n'existe pas de réponse nette et définitive à cette question. Déterminer qu'un fait est politique ou non dépend beaucoup du regard que l'observateur pose sur son objet ;

ce regard est conditionné par une époque, un lieu, une culture don-
nés. Cependant, la plupart des auteurs s'entendent pour identifier
trois familles de phénomènes politiques :

a) l'**État**, les **institutions** et donc les **régimes** politiques ;
b) le **pouvoir** ;
c) les faits sociaux, dans leur aspect dynamique : les **acteurs**, leurs intérêts, leurs stratégies, de même que les idées, les projets et les **idéologies** qu'ils véhiculent.

Quant à sa démarche, le « comment », la science politique « n'a
pas de méthodes ni de techniques propres et utilise celles des sciences
sociales suivant l'objet à étudier : méthode sociologique, méthode
historique et analyse de contenu pour l'étude de documents, [...]
analyse comparative des divers types de Constitutions, gouvernements et rapports politiques, enfin toutes les méthodes d'enquête et
techniques de la psychologie sociale et de la socio-logie » (Grawitz,
1990, p. 324).

⇨ CITÉ, POLIS, POLITIQUE (LA) ET POLITIQUE (LE).

SCRUTIN DE LISTE
◆ **Mode de scrutin** où l'**électeur** choisit une liste de candidats parmi
celles qui figurent sur son bulletin de vote. Chaque liste est généralement associée à un **parti** politique et le nombre de candidats qu'elle
contient correspond au nombre de **sièges** à pourvoir. Il existe plusieurs variantes de ce mode de scrutin (celle où l'ordre de la liste est
prédéterminé, celle où l'électeur peut établir un ordre de préférence
à l'intérieur de la liste, etc.).

SÉANCE PARLEMENTAIRE
◆ Réunion formelle de travail d'une assemblée législative. En **régime
parlementaire** de type britannique, chaque séance se divise en deux
parties : les « affaires courantes » (incluant la « période de questions »
portant sur des problèmes d'actualité) ; les « affaires du jour » (où les
parlementaires débattent des questions particulièrement importantes, discutent et votent les projets de loi).

SECTARISME

◆ Attitude de certains partisans ou **militants** exaltés souvent associés à des tendances ou à des groupes (politiques, religieux, etc.), qui consiste à professer des idées arrêtées de façon obstinée et intraitable. Synonymes : intolérance, fanatisme.

◆ Propension, chez certains acteurs politiques, à tout ramener à leur propre parti ou organisation, à rejeter les idées des autres justement parce qu'elles ne sont pas les leurs. Esprit de clocher.

⇨ DOGMATISME ET EXTRÉMISME.

SECTEUR INFORMEL

⇨ ÉCONOMIE INFORMELLE.

SÉCULARISATION

◆ Action de faire passer de la sphère religieuse à la sphère civile, publique, laïque. Terme fréquemment utilisé en sciences sociales pour désigner cette transformation des sociétés qui, aux **Temps modernes**, ont cessé d'user du sacré/du religieux lorsqu'il s'est agi d'expliquer et de gérer **le politique**.

SÉDITION

◆ Révolte contre l'autorité publique. Sont notamment considérés comme actes ou crimes séditieux, les appels ou la participation à l'**insurrection**, de même que la participation à des attentats ou à des complots portant atteinte à la sécurité de l'État.

⇨ SUBVERSION.

SELF-GOVERNMENT

◆ De l'anglais, signifiant littéralement « gouvernement par soi-même ». Dans le contexte du **colonialisme**, « système d'administration dans lequel les citoyens sont libres de s'administrer à leur convenance, dans tous les domaines qui ne concernent pas la politique générale de la métropole » (Dionne et Guay, 1994, p. 310).

SÉNAT

◆ Dénomination de certaines assemblées parlementaires. À Rome, dans l'Antiquité, il s'agissait d'une **chambre** où siégeaient les représentants de l'**aristocratie**. Aujourd'hui, dans certains **régimes**, nom donné à la deuxième chambre d'un **parlement**. C'est le cas notamment en France, en Italie, en Belgique et aux États-Unis. Le statut et les pouvoirs de cette deuxième chambre varient d'un système à l'autre.

◆ Au Canada, le Sénat, dit aussi Chambre haute, est la deuxième chambre du **Parlement** canadien et est donc titulaire, en partie, du pouvoir **législatif**. Les sénateurs sont nommés par le **premier ministre**, qui doit toutefois respecter certaines contraintes pour ce qui est de la représentation régionale (l'Ontario, le Québec, l'Ouest et les Maritimes ont droit, chacun, à un minimum de 24 sénateurs, Terre-Neuve à 6, le Yukon, les Territoires du Nord-Ouest et le Nunavut à un sénateur chacun). Héritage du XIXe siècle, sans légitimité démocratique, le Sénat a été la cible de nombreuses critiques et l'objet de plusieurs projets de réforme. Alors que certaines **provinces** voudraient un sénat élu, à représentation égale pour chacune des provinces et avec des pouvoirs réels, d'autres provinces proposent au contraire de l'abolir. À défaut d'entente, le Sénat s'est maintenu jusqu'ici. Par contre, la **Loi constitutionnelle de 1982** limite les pouvoirs législatifs du Sénat. Depuis cette date, son droit de *veto* est devenu suspensif : si, après 180 jours, le Sénat n'a toujours pas adopté un projet de **loi** préalablement voté par la **Chambre des communes**, celle-ci peut passer outre l'aval du Sénat en adoptant de nouveau le même projet de loi.

SÉPARATION DES POUVOIRS

◆ Principe proposé par des penseurs libéraux tels que John Locke (1632-1704) et Montesquieu (1689-1755). Opposés à la **dictature** monarchique et à toute forme d'abus de pouvoir, ils croyaient que le meilleur moyen d'assurer la plus grande liberté aux citoyens était l'affaiblissement du pouvoir. À partir du principe selon lequel « le pouvoir arrête le pouvoir », s'est développée l'idée de confier les pouvoirs législatif, exécutif et judiciaire à trois institutions distinctes et organiquement indépendantes, qui se font contrepoids, rendant pratiquement impossible la concentration des pouvoirs dans les mains d'un seul.

Alors que le **régime présidentiel** de type américain a été conçu sur la base de ce principe, le **régime parlementaire**, quant à lui, a évolué en partie dans cette direction : le principe de séparation des pouvoirs y est appliqué, mais dans une bien moindre mesure.

SÉPARATISME

◆ Terme péjoratif, voire quelque peu démagogique, utilisé par certains fédéralistes pour désigner le projet d'indépendance nationale ou de **souveraineté** politique au Québec. Puisque la très grande majorité des nationalistes québécois mettent de l'avant le maintien pour le Québec d'une forme quelconque d'union avec le Canada, son emploi est donc à éviter, à moins que le but recherché soit de stigmatiser les souverainistes québécois. Il serait tout aussi injuste de remplacer unilatéralement, dans le langage courant, le mot fédéraliste par centralisateur et d'associer ainsi tout tenant du fédéralisme canadien à un ennemi des droits du Québec.

SERVICE DE LA DETTE

◆ Somme qu'un **État** doit allouer, périodiquement, au remboursement de sa **dette** (capital et intérêts). Le service de la dette est donc un poste budgétaire (de dépenses) auquel un gouvernement doit consacrer une partie de ses revenus, parce qu'il a contracté des emprunts sur les marchés financiers ou auprès d'autres organismes.

SESSION PARLEMENTAIRE

◆ En **régime parlementaire**, comme au Québec et au Canada, une session parlementaire est une période de travail de l'Assemblée législative allant généralement de la mi-octobre (avec, au début, la lecture du **discours d'ouverture**) à la mi-juin (moment de la clôture ou de la « prorogation » des travaux).

SEXISME

◆ Ensemble de conceptions et d'attitudes, plus ou moins conscientes, établissant une discrimination entre les sexes et postulant la supériorité des hommes et, par conséquent, l'infériorité des femmes.

Le sexisme se traduit nécessairement par l'attribution de **privilèges** politiques, économiques et sociaux aux hommes, de même que par

une injustice systématique à l'égard des femmes, dans la vie publique (aux plans politique, économique, social, légal, etc.) et dans la vie privée (rapports de couple, vie familiale, etc.).
⇨ CHAUVINISME, PATRIARCAT, PHALLOCRATE.

SHARI'A
⇨ CHARIA.

SIÈGE
◆ Désigne à la fois une place de député dans un parlement et la fonction de député elle-même.

SIONISME
◆ Mouvement et idéologie prônant, de la fin du XIXᵉ siècle à 1948, la création d'un État pour les Juifs en Palestine. Le terme suggère en effet l'idée d'un « retour du peuple juif à Sion », l'une des collines de Jérusalem. Jusqu'à cette date, le sionisme incarne une tendance minoritaire, radicale et hétéroclite au sein de la communauté juive internationale, dont les effectifs sont concentrés en Europe (incluant l'URSS) et en Amérique. La vitalité de l'**antisémitisme**, durant la première moitié du XXᵉ siècle – phénomène qui va culminer lors de la Deuxième Guerre mondiale –, encourage l'émigration des Juifs vers la Palestine. Le projet sioniste devient réalité le 14 mai 1948, avec la naissance de l'État d'Israël.

◆ Le terme sionisme est également employé pour désigner l'idéologie et le mouvement qui, après 1948, proposent l'expansion du territoire israélien et le renforcement de la puissance de l'État d'Israël, au point de recréer éventuellement le grand royaume d'Israël de l'époque biblique. Cette tendance belliqueuse à l'égard des Palestiniens et des pays arabes voisins est incarnée notamment par les colons juifs, la droite israélienne ainsi que plusieurs organisations de la **diaspora**.

SOCIAL-DÉMOCRATIE

◆ « Forme modérée de socialisme qui accepte les institutions politiques de la démocratie libérale (pluripartisme, élections concurrentielles, parlementarisme) et vise à instaurer par des réformes, plutôt que par la révolution, un système qui laisse une place à l'entreprise privée dans le domaine économique. En plus des partis qui portent ouvertement cette étiquette, la plupart des partis socialistes d'Europe tendent de plus en plus vers la social-démocratie » (*Le Petit Pol*, 1992, p. 46).

Le **programme politique** social-démocrate propose généralement une **intervention** de l'État dans l'économie (nationalisations, politiques fiscales **progressistes**, réglementations économiques et sociales, etc.) sans remettre en question la libre entreprise et l'**économie de marché**, ce qui donne une économie dite « mixte ». De la même façon, les sociaux-démocrates favorisent la mise en place de programmes sociaux ou, selon les circonstances, leur maintien et leur consolidation.

⇨ KEYNÉSIEN.

SOCIALISME

◆ **Idéologie** et mouvement politique très diversifié qui se sont développés au XIXe siècle en Europe dans la suite du courant humaniste et en réaction à l'exploitation « sauvage » de la classe ouvrière par la bourgeoisie capitaliste.

Le socialisme est basé sur la théorie de la **lutte des classes** et sur un refus des désordres socioéconomiques et de la violence engendrés par la propriété privée des moyens de production et le libéralisme économique. Mettant de l'avant des valeurs de justice économique, d'égalité sociale et d'internationalisme, les socialistes proposent d'atteindre ces idéaux en utilisant l'État pour planifier le développement économique en fonction des besoins sociaux. Cet **interventionnisme** d'État se traduit par la nationalisation ou l'étatisation de certains secteurs de l'économie, par une réglementation économique et sociale ainsi que par l'établissement de programmes sociaux (accès à l'éducation, à la santé, etc.).

Le mode de transition du **capitalisme** au socialisme, le rôle attribué à la classe ouvrière et au parti et le rôle de l'État dans le **mode de production** varient beaucoup selon les différentes tendances que l'on trouve à l'intérieur du mouvement socialiste. Parmi celles-ci, mentionnons, entre autres, la **social-démocratie** et le **communisme** (ou socialisme révolutionnaire).

Chez les marxistes, de façon plus précise, le socialisme peut également désigner l'étape historique transitoire qui devrait suivre le renversement du capitalisme, permettre le développement maximal de l'économie, planifié par l'État, et conduire à l'avènement de l'idéal communiste.

SOCIÉTÉ CIVILE

◆ Le sens couramment employé est le suivant : ensemble des acteurs et des relations qu'ils nouent entre eux, exception faite de l'État et de son intervention. Ce peut donc être, dans un pays donné, les personnes et les organisations ainsi que tous les rapports qu'elles établissent entre elles. Il peut s'agir de rapports politiques (associations, regroupements, organisations de défense d'intérêts, etc.), économiques (marché du travail, libre entreprise, etc.), ou même de rapports privés. En un mot, il s'agit de la société et – plus précisément – du politique et de l'économique, abstraction faite de l'**État**. On dit aussi les « forces vives de la société ».

SOCIÉTÉ DE LA COURONNE

◆ Au Canada, organisme ayant la même structure qu'une entreprise du secteur privé, mais créé et financé par l'**État** à des fins spécifiques qui sont considérées d'intérêt public. C'est le cas, par exemple, de la Société Radio-Canada ou d'Énergie atomique du Canada limitée. Les dirigeants sont nommés par le **gouvernement** et doivent rendre compte au **ministre** du secteur concerné. De plus, ils peuvent être appelés à témoigner devant des **commissions parlementaires**. Bien que le gouvernement n'ait pas de contrôle direct sur les sociétés de la Couronne, c'est lui qui en a la responsabilité politique en dernière instance. Au Québec, l'expression « société d'État » désigne la même réalité. Parmi les plus connues, mentionnons Hydro-Québec, la Société des alcools du Québec ou encore Loto-Québec.

SOCIÉTÉ TRANSNATIONALE

⇨ FIRME MULTINATIONALE.

SOLIDARITÉ MINISTÉRIELLE

◆ Principe en vertu duquel les **ministres** sont collectivement responsables des orientations politiques arrêtées par l'ensemble du **Cabinet**. Pour éviter les dissensions au sein de la haute direction de l'**État**, les ministres doivent respecter cet esprit de corps ou alors démissionner. Ainsi, les ministres sont tenus de ne pas critiquer publiquement un collègue ministre ou le premier ministre, de ne pas dévoiler le contenu des débats ayant eu cours au sein du Cabinet, de ne pas ravir au premier ministre son privilège d'annoncer les grandes décisions, etc.

SOUVERAIN

◆ Au sens strict : le roi, le monarque.

◆ Au sens large : celui qui détient la **souveraineté**.

◆ Adjectif employé pour qualifier une entité ou un être qui, dans son domaine, n'est soumis à personne.

SOUVERAINETÉ

◆ L'autorité politique finale. Le pouvoir décisionnel suprême. La capacité de trancher, en dernière instance. Dans un pays donné, le titulaire de la souveraineté dépend de la nature du **régime** : ce peut être, par exemple, le roi (s'il s'agit d'une **monarchie**), ou encore le peuple (s'il s'agit d'une **démocratie**).

◆ En droit international, caractéristique d'un **État** libre de prendre seul ses propres décisions, sans solliciter l'accord d'une autre **puissance**, que ce soit en matière de politique étrangère ou d'affaires internes.
⇨ INDÉPENDANCE.

SOUVERAINETÉ-ASSOCIATION

◆ En 1967, après une scission au sein du Parti libéral du Québec, René Lévesque et quelques supporters fondent le Mouvement souveraineté-association, qui allait devenir, dès l'année suivante, le

Parti québécois. À l'époque, « cette option [...] était une formule de compromis entre le maintien du Québec dans le régime fédéral canadien, d'une part, et d'autre part, l'indépendance complète d'un Québec unilingue français préconisée jusqu'alors par plusieurs groupements politiques [...]. Le compromis proposé par René Lévesque, c'était de faire du Québec un pays souverain au sein d'une association économique réunissant le Québec et le reste du Canada » (André Bernard, dans Lévesque, René, 1988, p. 9).

Depuis maintenant plus de 30 ans, cette formule a donné lieu à de multiples interprétations, à de houleux débats et de spectaculaires ruptures : y a-t-il un des deux termes qui soit un préalable, oui ou non, et si oui, lequel ? Ni les chefs qui se sont succédé à la direction du parti, ni les membres n'ont réussi à donner une interprétation définitive de cette option et à mettre un terme au débat (même si, depuis quelque temps, le vocable de « partenariat » semble vouloir remplacer celui d' «association »).

SOVIET

◆ Mot russe signifiant « assemblée, conseil ». De 1917 à 1991, désignait en URSS l'unité de base, soit le Conseil ouvrier, à partir de laquelle l'ensemble du **système politique** se structurait, de la base jusqu'au sommet, d'où le nom d'Union « soviétique ».

STATU QUO

◆ Les choses telles qu'elles sont en ce moment ; leur état actuel. L'ordre établi.

STATUT DE WESTMINSTER

◆ Loi du Parlement britannique, adoptée en 1931, qui fait suite aux demandes répétées des **dominions** membres de l'Empire (Canada, Australie, Nouvelle-Zélande, Union sud-africaine, État libre d'Irlande et Terre-Neuve) et aux conférences impériales de 1926 et de 1930.

Cette loi, qui a un statut constitutionnel, reconnaît le principe de l'égalité des membres au sein du **Commonwealth**. D'une part, la Grande-Bretagne perd son statut de **métropole** : « Nulle loi émanant désormais du Parlement du Royaume-Uni ne doit s'étendre à l'un quelconque desdits *dominions* » (Paul, 1981, p. 104). D'autre part, cette loi consacre l'autonomie politique des dominions, qui obtiennent leur pleine **souveraineté** en matière de politique étrangère : « Nulle loi [...] édictée par le Parlement d'un dominion ne sera invalide ou inopérante à cause de son incompatibilité avec une législation d'Angleterre [...] le Parlement d'un dominion a le plein pouvoir d'adopter des lois d'une portée extraterritoriale » (Paul, 1981, p. 104).

Pour le Canada, il reste à définir une procédure lui permettant d'amender sa propre constitution, essentiellement des lois britanniques, sans l'autorisation du Parlement anglais, ce qui sera fait dans le cadre de la **Loi constitutionnelle de 1982**.

STRAPONTIN

◆ Siège de fortune que l'on trouve dans les trains, métros, théâtres, salles de concert, etc. Le plus souvent, se présente comme une petite banquette pliante pouvant dépanner un usager ou un spectateur quand toutes les places sont occupées.

Par extension, dans la vie politique (organisations, assemblées, comités, etc.), place précaire que l'on daigne accorder – avec condescendance ou par compassion – à un individu, un groupe ou un État qui mérite plus ou moins le privilège de siéger parmi les grands. « Le Canada [...] a tout pour être heureux (des ressources naturelles, un niveau de vie plutôt élevé, un gouvernement central, une bonne monnaie, une petite armée, une reine lointaine, un voisin bienveillant, un strapontin au G7, etc.) » (Hentsch, 1993, p. 10).

STRATÉGIE

◆ Au sens large, désigne un plan d'ensemble prévoyant une série d'actions coordonnées, en vue d'atteindre un résultat. Exemples : stratégie électorale, stratégie publicitaire, etc.

◆ En relations internationales, les questions dites de stratégie sont celles qui concernent la sécurité nationale, la défense et les affaires militaires d'un pays (ou d'une **alliance**).

Pour un État donné, plusieurs éléments de nature fort variée peuvent être qualifiés de stratégiques : une portion de territoire, des matières premières (reliées à la fabrication de matériel militaire ou à son utilisation : pétrole, uranium, chrome, etc.) ou encore l'accès à de telles ressources, l'évolution technique et scientifique (contrôle de l'atome, conquête de l'espace, systèmes de communication ou de détection, etc.), la quantité et la qualité des effectifs militaires et de l'armement, les informations concernant ses propres alliés ou encore l'ennemi, etc.

Les études stratégiques constituent le champ de la science politique qui fait sa spécialité de l'analyse de toutes ces questions. L'expression « armes stratégiques », quant à elle, renvoie habituellement aux missiles nucléaires.

SUBVERSION
◆ Action visant la destruction des **institutions** et des valeurs établies et le renversement de l'ordre politique et social.

⇨ SÉDITION.

SUD
⇨ NORD/SUD.

SUFFRAGE
◆ Synonyme de **vote** en tant que voix exprimée lors d'une élection, mais aussi en tant que droit de participer à un processus de prise de décision (élection, **plébiscite**, **référendum**, etc.). Dans ce sens, le droit de suffrage peut être « restreint » (à une certaine catégorie de citoyens), « censitaire » (relié d'une façon ou d'une autre à la fortune) ou « universel » (attribué à tous les citoyens remplissant les conditions minimales d'âge et de capacité). Enfin, l'expression peut désigner la consultation électorale elle-même.

SUPERPUISSANCE
◆ « État qui, par l'espace géographique qu'il occupe, par ses capacités économiques et par son potentiel militaire, dispose d'une puissance nettement supérieure à celle des autres États et qui a une capacité d'action – effective ou potentielle – susceptible de se projeter dans toutes les parties du globe » (Soppelsa, 1988, p. 250). Correspondent à cette définition les États-Unis, de 1945 à aujourd'hui, et l'URSS, de 1945 à 1991.

SUPRANATIONAL

◆ Caractère de ce qui est « au-dessus de la tête des **États** ». Adjectif qui sert à décrire diverses réalités ou **institutions** qui concernent un niveau de décision situé plus haut dans la hiérarchie que les pays eux-mêmes, pris un par un : parlement supranational, tribunal supranational, autorité supranationale. Lorsque des États acceptent ce phénomène, ils perdent volontairement une partie de leur **souveraineté** au profit d'une instance qu'ils ont créée tous ensemble et dont ils s'engagent à respecter les décisions.

Plusieurs voyaient l'**ONU**, à l'origine, comme un gigantesque parlement supranational. Autres exemples souvent cités : le tribunal du libre-échange (**ALENA**), certains organes décisionnels de l'**Union européenne**.

SYMPATHISANT

◆ Désigne la personne qui est favorable à la cause et aux points de vue défendus par un **parti**, un groupe ou un mouvement politique sans pour autant adhérer de façon formelle à ce parti ou à ce groupe.

SYSTÈME POLITIQUE

◆ Concept recouvrant non seulement la notion de **régime**, mais aussi l'ensemble des autres caractéristiques à partir desquelles on peut déterminer les règles et les formes de la vie politique officielle dans un État donné : le **mode de scrutin**, le système de partis (**bipartisme**, **multipartisme**), les lois relatives au financement des partis, la forme de l'État (**unitaire**, **fédéral**, **confédéral**) et le partage des responsabilités en découlant, le rôle de certaines **institutions** (dont les **médias**), l'encadrement des autres **acteurs** qui entrent en relation directe avec les autorités politiques (**groupes de pression**, **lobbies**), la **culture politique**, etc.

T

TECHNOCRATE

◆ « Spécialiste » ou « expert », technicien ou gestionnaire, qui fait prévaloir les considérations techniques d'un problème au détriment des conséquences humaines et sociales.

Dans les sociétés contemporaines, de plus en plus complexes, les « connaissances » pointues et la « compétence » des technocrates en font des **acteurs** incontournables et de plus en plus puissants, et ce, dans pratiquement tous les domaines, qu'il s'agisse de l'éducation, de la santé, de la justice, des communications, de l'économie, etc. Sur le plan étatique par exemple, ce peut être des ministres, des hauts fonctionnaires ou des conseillers de haut rang.

TECHNOCRATIE

◆ Couche sociale ou classe des technocrates.

◆ **Système politique** dans lequel les technocrates exercent un pouvoir prédominant au détriment de la vie politique proprement dite. N'étant généralement pas élus, ni responsables devant les parlements ou devant l'opinion publique, les technocrates détournent le pouvoir politique et court-circuitent la démocratie.

TEMPS MODERNES

◆ Dans l'histoire occidentale de l'humanité, période de grands progrès inaugurée en Europe, dont la durée fait l'objet de discussions chez divers auteurs. La version « maximale » fait courir les Temps modernes de la Renaissance jusqu'à aujourd'hui. Certains situent leur commencement au XVIIe siècle, d'autres au XVIIIe. De plus, il y a débat quant à savoir si l'ère des Temps modernes est terminée ou non : des intellectuels affirment, en effet, qu'au XXe siècle nous avons assisté à la faillite de la modernité et que nous sommes entrés dans une autre période, la **postmodernité**.

En quoi consistent donc ces grands progrès accomplis, qui ont valu l'inauguration des Temps modernes ? On distingue habituellement cinq domaines :

- au plan économique : accroissement phénoménal des capacités de production, industrie, extension du **capitalisme** (mercantile d'abord, puis industriel et financier) aux quatre coins de la planète ;
- au plan géographique : découverte du nouveau continent et de nouvelles routes maritimes ; l'hypothèse de la rotondité de la Terre devient réalité ;
- au plan scientifique : explosion du savoir scientifique (biologie, médecine, chimie, physique, etc.), invention de l'imprimerie, connaissance des origines de l'Homme ;
- au plan philosophique : fin du monopole de l'Église sur les idées et la pensée, confiance en l'être humain plutôt qu'en Dieu, croyance en la raison, rejet de la superstition ;
- au plan politique : **État-nation**, extension de l'expérience démocratique, séparation des pouvoirs, reconnaissance des droits de l'homme, formulation de projets de société fondés sur l'égalité et la justice.

TERRITOIRE

◆ Sur le plan politique, désigne un espace délimité par des **frontières**, occupé par une collectivité humaine et sous la **juridiction** d'une **autorité** politique. Le territoire est l'un des éléments constitutifs de l'**État**, bien que tout territoire ne soit pas nécessairement souverain. C'est le cas, par exemple, des anciens territoires coloniaux, des Territoires d'outre-mer de la République française (TOM), ou encore des Territoires canadiens.

◆ Au Canada, dénomination de trois entités géopolitiques de la **fédération**, soit le Nunavut, les Territoires du Nord-Ouest et le Yukon. À la différence des **provinces**, les territoires n'exercent aucune **compétence législative**. Leurs assemblées élues et leur **Conseil des ministres** sont sous la tutelle du ministère (fédéral) des Affaires indiennes et du Nord.

TERRORISME

◆ Actes violents inspirant la terreur et l'insécurité, commis à des fins politiques : prise d'otage, enlèvement, assassinat, pose de bombes, attentat suicide, piraterie aérienne, etc. Parmi l'arsenal des moyens à la disposition des **acteurs** voulant émouvoir l'opinion publique, déstabiliser un gouvernement ou créer un contexte insurrectionnel, le terrorisme est celui qui est décrié par le plus grand nombre et le plus fréquemment condamné. Les acteurs pouvant pratiquer le terrorisme sont de nature fort variée : individu isolé, organisation clandestine, **mouvement de libération nationale (FLQ**, IRA, OLP, etc.), **État**, etc.

THÉOCRATIE

◆ Au pied de la lettre : « gouvernement par Dieu ». Dans les faits, **régime** politique **autoritaire** dans lequel les pouvoirs sont concentrés dans les mains d'un petit groupe (exemple : le clergé) – voire d'un seul homme – tirant sa **légitimité** de la relation privilégiée qu'il entretient avec Dieu ou l'au-delà. On trouve ce type de régime en Afghanistan, en Iran, au Tibet, etc.

THÉORIE

◆ Du grec *theôrein*, observer. Selon *Le Petit Robert*, « construction intellectuelle méthodique et organisée, de caractère hypothétique (au moins dans certaines de ses parties) et synthétique ». Il s'agit de systèmes de représentation basés sur des idées et des concepts abstraits visant à aller au-delà des apparences et ayant pour fonction « de décrire la réalité en la simplifiant, d'expliquer des phénomènes que nous observons et de les unifier en les reliant les uns aux autres » (Monière et Guay, 1987, p. 14). La plupart des théories sont de tendance scientifique ou analytique. Dans ce cas, l'approche se veut objective et elle se construit sur l'observation de la réalité, sur des données quantitatives, sur l'expérimentation et l'analyse. Elle s'intéresse à « ce qui est ». Ses buts sont de décrire et d'expliquer un phénomène ou une réalité.

Une théorie peut aussi être de tendance normative. La perspective est alors subjective et une telle théorie se construit sur la spéculation, sur des valeurs ou des croyances. Elle s'intéresse à « ce qui devrait être » et véhicule une morale, un projet, un idéal à atteindre. Ses buts (avoués ou non) sont donc d'influencer, de convaincre et éventuellement de transformer ou de changer la réalité. Dans ce cas, la distinction entre théorie et **idéologie** s'estompe. À titre d'exemple, mentionnons les théories racistes, ou créationnistes.

TIERS ÉTAT

◆ Dans la France de l'Ancien Régime, soit avant 1789, la société était divisée en trois ordres : la **noblesse**, le clergé et le tiers état, c'est-à-dire les individus issus des autres couches sociales que les deux premières. Le tiers état était donc composé de la **bourgeoisie**, des artisans, des paysans, bref, tout être qui n'appartenait pas à l'un des deux ordres dotés de **privilèges** « naturels » (noblesse et clergé).

TIERS-MONDE

◆ Terme qui désigne l'ensemble des pays de la planète n'appartenant ni au club des pays riches et industrialisés, ni au bloc communiste que formaient autrefois l'URSS et ses **États satellites**. De façon très sommaire, on pourrait dire qu'il s'agit de l'ensemble des pays d'Afrique, d'Amérique latine et d'Asie (sauf le Japon et l'ex-URSS). L'expression, employée pour la première fois par Alfred Sauvy, découle d'une vision idéologique de la planète datant de la **guerre froide**, vision qui découpe le globe d'abord en deux camps solides, bien structurés et redoutables, puis entrevoit « tous les autres pays », « le reste », « les tierces parties ».

On trouve donc sous le vocable « tiers-monde » un vaste groupe de pays qui n'ont en commun ni les indicateurs économiques (PNB, revenu moyen par habitant, ressources, etc.), ni le poids **géopolitique**, ni le degré de développement, ni les conditions climatiques, environnementales, démographiques, ni le **régime** ou l'orientation politiques.

Le concept est donc très contesté. On a d'abord suggéré de le remplacer par « les tiers mondes » pour bien marquer la diversité des situations auxquelles il renvoie. Mais aujourd'hui, on parle de plus en plus de « la fin du tiers-monde », non seulement comme catégorie mais aussi comme acteur des relations internationales. Le bloc communiste ayant disparu depuis les événements de 1989-1991, il n'y a plus de **bipolarité** et donc il n'y a plus de raison de parler d'un « troisième » monde.

Par ailleurs, le triomphe du **capitalisme** et de la raison marchande a induit des dynamiques régionales ou continentales plus fortes que tout autre **alignement**. Avec plus ou moins de succès, chaque pays tente de s'insérer dans le marché mondial. Selon leur aptitude à « performer » dans ce **nouvel ordre mondial** et à tirer leur épingle du jeu, les « pays du tiers-monde » seront dorénavant classés dans tel ou tel sous-groupe : nouveaux pays industrialisés (NPI), pays exportateurs de pétrole, économies en émergence, pays les moins avancés (PMA), etc.

Toutes ces catégories font l'objet de critiques, de même que celles qui tentent de se substituer à l'expression « tiers-monde » : le **Sud**, la **Périphérie**, les PVD (pays en voie de **développement**), etc.

TIERS PARTI

◆ Parti politique de moindre importance sur le plan électoral ou parlementaire. Bien qu'ils ne puissent accéder au pouvoir à court terme, les tiers partis, qui représentent des points de vue et des intérêts marginaux, peuvent apporter une contribution originale et importante à la vie politique. De plus, ils peuvent participer à des **coalitions** parlementaires ou gouvernementales. Dans le cas où un tel parti détient la **balance du pouvoir**, son rôle au Parlement peut même être déterminant.

TOTALITARISME

◆ « Le terme est d'emploi courant depuis 1945 et s'applique aussi bien aux États qu'aux partis ou aux idéologies. Il désigne, en effet, un pouvoir autoritaire et dictatorial dont le caractère principal est d'instituer une dynamique de perpétuation du régime... » (Huisman et Le Strat, 1987, p. 151). De façon plus précise, **régime politique** qui tend à dominer la totalité des activités de la société et ne tolère aucune **opposition** organisée. Généralement dirigé par un dictateur et se basant sur une **idéologie** officielle, un **parti unique** et un appareil policier très puissant, l'**autorité** exerce un contrôle serré sur l'information, l'éducation, la religion, l'économie, les arts, les loisirs, etc.

TRAITÉ

◆ Convention signée entre deux ou plusieurs pays ou organisations, en vue d'atteindre un objectif commun : paix, sécurité, commerce, coopération, etc. D'autres termes sont plus ou moins synonymes de traité : accord, acte, charte, convention, déclaration, pacte, protocole.

⇨ CONVENTION.

TRANSFERTS FÉDÉRAUX

◆ Au Canada, sommes d'argent transférées aux **provinces** par le **gouvernement** fédéral dans le cadre de programmes préétablis. Ces transferts sont le produit du déséquilibre fiscal entre les deux ordres de gouvernement et de la volonté du gouvernement fédéral de jouer un rôle pour assurer une certaine égalité sociale et économique au sein de la **fédération**. Contrairement à la **péréquation**, gérée sur la base de la richesse relative des provinces, les transferts fédéraux sont déterminés à partir de critères démographiques. Le plus important de ces transferts est le « Transfert social canadien » visant les domaines de la santé, de l'aide sociale et de l'éducation postsecondaire.

TRANSFUGE

◆ Individu ayant fui son pays d'origine afin de s'établir dans un pays « ennemi ». Habituellement, la personne fait désertion pour des raisons politiques (désaccord avec le **régime** en place dans son pays d'origine).

Par extension, peut désigner une personne qui quitte un parti politique pour joindre les rangs d'un parti rival. Exemples : René Lévesque, transfuge du Parti libéral du Québec ayant fondé le Parti québécois, Lucien Bouchard, transfuge du Parti conservateur ayant fondé le Bloc québécois, Jean Charest, transfuge du Parti conservateur ayant pris la tête du Parti libéral du Québec, Mario Dumont, transfuge du Parti libéral du Québec ayant pris la tête de l'Action démocratique du Québec, etc.

TRANSNATIONAL

◆ Caractère de ce qui ne connaît pas de frontières, qui a la propriété de passer d'un pays à l'autre et au suivant, sans rencontrer d'obstacles. Qui échappe à toute logique nationale.

TRUST

⇨ FIRME MULTINATIONALE.

TYRANNIE

◆ Forme de **dictature** particulièrement cruelle, arbitraire et autocratique, dont le dirigeant (le tyran) n'hésite pas à user de la terreur et peut exiger que l'on glorifie sa personne.

⇨ DESPOTISME.

U

Ultimatum

◆ Ordre – de faire ou de cesser de faire quelque chose – accompagné d'une date butoir à respecter pour son exécution. Si l'**acteur** (individu, groupe, **État**, etc.) auquel cette sommation est destinée ne s'exécute pas dans le délai imposé, il s'expose à de graves représailles. Plus ou moins synonyme d'**injonction**. Celui qui lance un ultimatum doit s'assurer, préalablement, d'avoir un large éventail de moyens à mettre en œuvre pour le faire respecter, sinon il risque d'y perdre sa crédibilité.

Unilatéral

◆ Qui n'implique qu'une seule partie, qu'un seul **acteur**. Qualifie une façon de procéder sans consulter, sans tenir compte des autres opinions.

Uninominal

◆ « Mode de scrutin dans lequel l'électeur vote pour un seul candidat. Opposé au scrutin de liste » (Grawitz, 1988, p. 374).

Union douanière

◆ Association économique de plusieurs pays s'imposant entre eux le **libre-échange**, mais pratiquant face à tous les autres le **protectionnisme**. L'idée est de créer pour les pays membres un marché commun, protégé des produits étrangers par différentes barrières commerciales, convenues et appliquées conjointement par les membres.

Union européenne

◆ Association économique et politique qui regroupe 15 **États** d'Europe de l'Ouest ayant formé entre eux une zone de **libre-échange** protégée (voir **union douanière**) permettant la libre circulation complète des personnes, des marchandises et des capitaux. Ces pays se sont inscrits depuis quelques années dans une dynamique d'intégration qui leur donnera une monnaie unique (l'euro), une politique étrangère commune, etc.

L'Union européenne est le résultat d'une évolution qui date d'une cinquantaine d'années. Elle a son origine en avril 1951, avec la création de la Communauté européenne du charbon et de l'acier (CECA) par six pays : l'Allemagne, la France, l'Italie et le Benelux (Belgique, Pays-Bas, Luxembourg). Ceux-ci forment en mars 1957 le marché commun européen, qui n'est plus limité aux seuls secteurs du charbon et de l'acier. « Ainsi naîtra la formule communautaire : un rassemblement d'États, unis par une discipline commune, soumis à l'autorité d'un pouvoir central, s'engageant dans un processus d'intégration progressive qui doit à terme déboucher sur la constitution d'une véritable union européenne » (*Encyclopædia Universalis*, 1989, p. 68).

Par la suite, on assistera à plusieurs « élargissements » : la Grande-Bretagne, le Danemark et l'Irlande adhèrent en 1973, la Grèce en 1981, l'Espagne et le Portugal en 1986, et enfin, l'Autriche, la Finlande et la Suède en 1995. En février 1992, cette communauté économique devient, par le traité de Maastricht, l'Union européenne qui tend, depuis cette date, à évoluer lentement vers une forme de **confédération.** Elle est dotée de diverses instances d'ordre exécutif (Conseil et Commission), judiciaire (Cour de Justice) ou autre (le Parlement, organe consultatif, a aussi un rôle de surveillance). De nos jours, l'Union compte plus de 375 millions d'habitants.

Unipolarité

◆ Situation où il n'y a qu'un seul **acteur** dominant vis-à-vis une multitude d'acteurs secondaires. Exemple : en relations internationales, leadership exercé par les États-Unis, seuls vainqueurs de la **guerre froide**, sur les affaires mondiales.

Utopie

◆ Terme que l'on doit à Thomas More, homme politique et écrivain humaniste anglais, qui a écrit en 1516, *L'Utopie*, une œuvre imaginant la vie de citoyens heureux dans un pays situé nulle part. Le mot a été repris par la suite pour désigner tout projet de **cité** autre, dotée d'un gouvernement parfait. Aujourd'hui, le terme peut désigner tout à la fois une société rêvée, un idéal auquel on croit, un horizon vers lequel l'humanité devrait évoluer.

L'utopie naît du sentiment que l'on a de vivre dans un monde imparfait et oppressant, que l'on refuse. Elle répond au désir de transformer sensiblement cette réalité pour qu'elle nous satisfasse enfin. L'utopie est donc un modèle, élaboré afin de critiquer la société à partir de normes nouvelles, différentes.

◆ Le terme « utopie » peut également être utilisé de façon péjorative, pour parler de projets irréalistes, d'ambitions impossibles, d'idées déconnectées, de chimères...

V

VETO

◆ « Acte par lequel un individu ou un organe fait obstacle temporairement ou définitivement à l'application des décisions d'un autre individu ou d'un autre organe » (Debbasch et Daudet, 1992, p. 450).

Le droit de *veto* peut être attribué à une personne (le roi, le chef d'État, le président, etc.) ou à un organe collectif (Parlement, Assemblée législative, Sénat, Conseil, voire à un État, en relations internationales). Un droit de veto peut être définitif ou suspensif (c'est-à-dire temporaire et pouvant être renversé dans des circonstances très précises).

Le droit de *veto* n'est pas nécessairement un privilège de tenants du pouvoir ; il peut aussi s'avérer un outil précieux, dans le cas, par exemple, où il est attribué à un groupe minoritaire, empêchant ainsi ce que Tocqueville qualifiait de « dictature de la majorité ». On pense, entre autres, à la revendication d'un droit de *veto* pour le Québec au sujet des changements constitutionnels au Canada.

VIDE POLITIQUE

◆ Sur la scène politique, situation créée par la disparition d'un courant important, d'un projet de société rassembleur, d'un **acteur** très populaire ; absence de choix et d'alternative qui en découle.

VOTE

◆ Synonyme de voix (du temps où le vote était public et oral) exprimée lors d'une consultation électorale.

◆ Peut désigner le droit de participer à une consultation électorale.

◆ Peut désigner l'élection elle-même.

◆ Enfin, peut être synonyme du résultat de l'élection.
⇨ SUFFRAGE.

Vote de censure
◆ En **régime parlementaire**, **vote** de l'**Assemblée législative** exprimant un désaveu envers l'**exécutif**.

Vote de confiance
◆ En **régime parlementaire**, **vote** de l'**Assemblée législative** exprimant ou confirmant son appui à l'**exécutif**.

Vote par appel nominal
◆ Procédure de vote au sein de certaines **assemblées législatives** où chacun des membres de l'assemblée est appelé nominativement à participer. C'est le cas, sauf exception, au Parlement du Canada et à l'**Assemblée nationale** du Québec.

Vote par procuration
◆ Procédure exceptionnelle qui permet à un individu de désigner une autre personne pour exercer, en son nom, son droit de vote.

Vote secret
◆ Ensemble des règles et procédures empêchant que le choix effectué par un **électeur** ne soit connu par d'autres que lui. Le vote secret contribue à garantir la liberté de l'électeur et la valeur du résultat final du vote.

VOTE UTILE

◆ Comportement d'un **électeur** qui, sachant pertinemment que le candidat ou le parti auquel va sa préférence n'a aucune chance de l'emporter, accorde plutôt son vote à un candidat ou un parti pour lequel ce vote peut faire la différence et empêcher le « pire » candidat ou parti d'être élu.

W

WHIP

◆ De l'anglais, pour « fouet ». En **régime parlementaire** de type britannique, le *whip* est un **député** responsable de la cohésion et de la discipline au sein des membres de son **groupe parlementaire**. Il doit s'assurer que chacun des députés de son parti remplisse ses fonctions parlementaires (présence en **chambre**, intervention, vote, etc.).

WINNER TAKE ALL

◆ Littéralement : le gagnant rafle tout. Perçu le plus souvent comme une distorsion créée par la règle de la **majorité**. Cette inquiétude peut se confirmer lorsque le parti qui gagne les élections – que ce soit avec une simple pluralité des votes ou davantage – détient un tel contrôle sur les pouvoirs **exécutif** et **législatif** qu'il n'existe plus aucun contrepoids possible pour les minorités politiques ou nationales. Exemple : en Afrique du Sud, au début des années 90, alors que l'ANC négociait avec le gouvernement blanc les modalités du passage à la démocratie et de la fin de l'**apartheid**, la communauté blanche s'inquiétait des effets politiques d'un éventuel balayage électoral par l'ANC (aux élections de 1994, le Congrès national africain a effectivement obtenu 63 % des voix). Quelle place le système démocratique ferait-il aux minorités ? Divers dispositifs ont été négociés pour rassurer ceux qui, selon toute vraisemblance, allaient perdre les élections : exigence d'une majorité qualifiée (des deux tiers) pour pouvoir prendre le contrôle de l'exécutif, droit de *veto* pour, les partis minoritaires etc.

X

XÉNOPHOBIE

◆ Peur des étrangers. Hostilité – qui peut aller jusqu'à l'agression – à l'égard des personnes de **race**, d'**ethnie** et de culture différentes de la sienne (exemples : immigrants, réfugiés, autres ressortissants étrangers, etc.).

⇨ CHAUVINISME, RACISME.

Y

YALTA

◆ Station balnéaire sur la mer Noire en Crimée (Ukraine) qui accueillit une importante conférence au sommet entre les chefs d'État américain (Roosevelt), britannique (Churchill) et soviétique (Staline) en février 1945. Alors que l'éventualité de leur victoire sur les **nazis** devient évidente, les Alliés ont besoin de discuter de plusieurs questions qui doivent se régler dans les mois qui suivent : le sort réservé à l'Allemagne après sa défaite (occupation, réparations, territoire, gouvernement, etc.), l'ouverture d'un second front contre le Japon afin d'obtenir sa capitulation, la création de l'**ONU** et enfin l'avenir des nations européennes libérées et des anciens **États satellites** de l'Axe.

Sur ce dernier point, on a souvent dit que Yalta avait présidé au partage, entre les trois grands, du monde en **zones d'influence**. Cela est plus ou moins exact. D'une part, la dynamique menant à un tel partage est déjà entamée depuis un bon moment et se poursuivra aussi après Yalta. Sur le terrain même, la progression des troupes et les victoires militaires confirment déjà, *de facto*, l'influence prépondérante de tel ou tel allié sur telle ou telle région. D'autres conférences au sommet (Téhéran, en novembre 1943, Moscou, en octobre 1944, Potsdam, en août 1945) permettent également d'aborder les thèmes de l'avenir de l'Europe libérée et des sphères d'influence. D'autre part, il n'a jamais été question lors de cette conférence de constituer des zones d'influence exclusive, mais bien relative. Chacun des Alliés devait, en principe, aider les pays libérés à se reconstruire, en se dotant de régimes **démocratiques** répondant aux aspirations des peuples libérés. Faut-il ajouter que l'interprétation faite de part et d'autre du terme « démocratique » a posé d'énormes problèmes, ce qui, entre autres, a pavé la voie à la **guerre froide** ?

Z

ZLEA

◆ Zone de libre-échange des Amériques. Projet mis de l'avant par l'Organisation des États américains (**OEA**) visant à réunir l'ensemble des pays de l'hémisphère, sauf Cuba, dans une seule et même aire de **libre-échange**. Trente-quatre pays négocient actuellement les termes en vertu desquels ce nouvel espace économique serait créé. L'an 2005 est l'horizon que l'OEA s'est donné pour arriver à une entente. Celle-ci n'est pas dans la poche et pourrait à terme impliquer bien moins que 34 pays. Depuis plusieurs années, certaines organisations commerciales régionales ont pris forme et il n'est pas dit qu'elles céderont facilement le pas à la ZLEA : Caricom, Pacte andin, Mercosur, **ALENA**, etc. De plus, un **mouvement social** d'opposition à cette dynamique de **mondialisation** fortement imprégnée de **néolibéralisme** et de **néocolonialisme** s'interroge quant à l'identité des véritables bénéficiaires de cette éventuelle ZLEA.

ZONE D'INFLUENCE

◆ Synonymes : sphère d'influence, sphère d'intérêt. Vaste territoire comprenant plusieurs pays, plus ou moins assujettis à l'autorité d'une grande puissance mondiale ou régionale, souvent située non loin de là. Ainsi, la zone d'influence est un ensemble de pays constituant la chasse gardée d'un État puissant, c'est-à-dire un espace où cet État est la seule puissance étrangère à pouvoir y agir, sans entraves ni ingérence de la part d'une autre puissance. La zone d'influence est donc généralement le résultat d'une politique **impérialiste** menée par un État puissant, qui a recours à des pressions d'ordre essentiellement politique et économique, les moyens militaires n'étant mis en œuvre qu'en cas de crise.

« La constitution de zones d'influence est un moyen de domination pouvant offrir des avantages, tels que l'amélioration de la sécurité de l'État par la création d'un **glacis**, l'accroissement de son poids sur le plan international grâce aux moyens supplémentaires que lui apporte sa sphère d'intérêt et l'assurance de trouver à l'étranger certaines ressources de matières premières ainsi que des débouchés pour une partie de ses exportations. Aussi est-elle fréquemment recherchée dans la vie internationale par des États désireux d'affirmer leur puissance » (*Encyclopædia Universalis*, 1989).

Voyons quelques exemples. L'arrière-cour des États-Unis (c'est-à-dire le Mexique, l'Amérique centrale et une grande partie des Antilles) forme une des zones d'influence américaines. La France compte une zone d'influence en Afrique francophone (Sénégal, Côte d'Ivoire, Gabon, Centrafrique, Tchad, etc.). Toute l'Afrique australe est réputée zone d'influence sud-africaine. La **Communauté des États indépendants (CEI)** peut être considérée comme la zone d'influence de la Russie.

ZONE FRANCHE

◆ Dans un pays donné, territoire bien délimité à vocation commerciale et industrielle, généralement situé près d'un port ou d'un aéroport, où le gouvernement a choisi de réduire sensiblement les entraves à la liberté de produire et de faire du profit afin d'y encourager l'établissement de firmes étrangères ou locales et de stimuler l'activité économique nationale.

Les incitatifs offerts par les gouvernements dans les zones franches peuvent être de divers ordres : ne pas imposer de taxes ni de formalités douanières, ne pas surveiller de trop près les méthodes de production ni les conditions de travail, autoriser le rapatriement des bénéfices, permettre aux étrangers d'être propriétaires de biens fonciers et immobiliers, etc.

Bibliographie

ADAM, Gaston, Michelle GÉRIN-LAJOIE et Caroline GUIMOND. *Introduction aux relations internationales*, Ottawa, Les Éditions MGL, 1992, 561 p.

AFANASSIEV, Youri, et Marc FERRO. *50 idées qui ébranlent le monde*, Dictionnaire de la *glasnost*, Paris, Payot, 1989, 521 p.

ALBERTINI, Jean-Marie et Ahmed SILEM. *Lexique d'économie*, 5e éd., Paris, Dalloz, 1995, 567 p.

ALLEN, John L. *Atlas géopolitique*, Montréal, Chenelière/McGraw-Hill, 2001, 170 p.

BALLANFAT, Paul. *Le petit Retz de l'islam*, Paris, Éditions Retz, 1988, 159 p.

BERNARD, André. *La politique au Canada et au Québec*, Sainte-Foy, PUQ, 1996, 616 p.

BERNARD, André. *Les institutions politiques au Québec et au Canada*, Montréal, Éditions du Boréal, 1995, 123 p.

BOISVERT, Yves. *Le postmodernisme*, Montréal, Éditions du Boréal, 1995, 123 p.

BOUDON, Raymond *et al.* (sous la dir. de). *Dictionnaire de la sociologie*, Paris, Larousse, 1993, 280 p.

BOURQUE, Gilles et Anne LÉGARÉ. *Le Québec et la question nationale*, Paris, Petite collection Maspéro, 1979, 232 p.

BRÉMOND, Janine, et Alain GELEDAN. *Dictionnaire économique et social*, Paris, Hatier, 1981, 391 p.

BRODIE, Janine (sous la dir. de). *Critical Concepts. An Introduction to Politics*, Scarborough, Prentice Hall, 1999, 426 p.

BROWN, Craig *et al. Histoire générale du Canada*, Montréal, Éditions du Boréal, 1988, 694 p.

CABANNE, Claude (sous la dir. de). *Lexique de géographie humaine et économique*, Paris, Dalloz, 1992, 449 p.

CHAGNOLLAUD, Dominique (sous la dir. de). *Dictionnaire de la vie politique et sociale*, Paris, Hatier, 1993, 251 p.

COLAS, Dominique. *Dictionnaire de la pensée politique. Auteurs, œuvres, notions*, Paris, Larousse/Bordas, 1997, 295 p.

COLLIN, Denis. *Les grandes notions philosophiques. La société, le pouvoir, l'État*, Paris, Seuil, coll. « Mémo », 1997, 62 p.

Commission française Justice et Paix. *Les 100 mots du développement et du tiers-monde*, Paris, La Découverte, 1990, 328 p.

CORDELIER, Serge (sous la dir. de). *Le dictionnaire historique et géopoliti-que du XXᵉ siècle*, Paris, La Découverte/Syros, 2000, 736 p.

DEBBASCH, Charles, et Yves DAUDET. *Lexique de politique*, Paris, Dalloz, 1992, 465 p.

DENQUIN, Jean-Marie. *Science politique*, Paris, PUF, 1985, 415 p.

DENQUIN, Jean-Marie. *Vocabulaire politique*, Paris, PUF, coll. « Que sais-je ? » nº 3268, 1997, 127 p.

DESCHÊNES, Gaston. *L'ABC du Parlement. Lexique des termes parlemen-taires en usage au Québec*, Québec, Les Publications du Québec, 1992, 103 p.

Dictionnaire de la pensée politique, Paris, Hatier, 1989, 853 p.

Dictionnaire de la sociologie, Paris, Encyclopædia Universalis/Albin Michel, 1998, 917 p.

Dictionnaire d'histoire économique. De 1800 à nos jours, Paris, Hatier, 1987, 638 p.

DIONNE, Bernard, et Michel GUAY. *Histoire et civilisation de l'Occident*, Montréal, Études Vivantes, 1994, 537 p.

DROUIN, Jean-Claude. *Les grandes notions de l'économie*, Paris, PUF, coll. « Major Bac », 1997, 123 p.

DUVERGER, Maurice. *Institutions politiques et droit constitutionnel*, Tome 1, Paris, PUF, coll. « Thémis », 1971, 520 p.

Encyclopædia Universalis, Paris, Éd. Encyclopædia Universalis, 1989.

ETIENNE, Jean *et al. Dictionnaire de sociologie*, Paris, Hatier, 1995, 251 p.

FERREOL, Gilles. *Vocabulaire de la sociologie*, Paris, PUF, coll. « Que sais-je ? » nº 2943, 1995, 127 p.

FREDERICK, Bernard. *Dictionnaire des questions internationales*, Paris, Éditions ouvrières, 1995, 319 p.

GARELLO, Jacques et Jean-Yves NAUDET. *Abécédaire de science économi-que*, Paris, Albatros, 1991, 221 p.

GÉLÉDAN, Alain *et al. Dictionnaire des idées politiques*, Paris, Dalloz, 1998, 405 p.

GÉLINAS, Jacques B. *La globalisation du monde*, Montréal, Écosociété, 2000, 340 p.

GÉRÉ, François. *Dictionnaire de la pensée stratégique*, Paris, Larousse/Bordas, 2000, 318 p.

GRAF, Alain, et Christine LE BIHAN. *Lexique de philosophie*, Paris, Seuil, coll. « Mémo » nº 11, 1996, 96 p.

GRAWITZ, Madeleine. *Lexique des sciences sociales*, Paris, Dalloz, 1988, 384 p.

GRAWITZ, Madeleine. *Méthodes des sciences sociales*, Paris, Dalloz, 1990, 1140 p.

GUILLIEN, Raymond, Jean VINCENT *et al. Termes juridiques*, Paris, Dalloz, 1995, 583 p.

HAMELIN, Jean, et Jean PROVENCHER. *Brève histoire du Québec*, Montréal, Éditions du Boréal, 1987, 126 p.

HARNECKER, Marta. *Les concepts élémentaires du matérialisme historique*, Bruxelles, Contradictions, 1974, 258 p.

HENTSCH, Thierry, Daniel HOLLY et Pierre-Yves SOUCY. *Le système mondial*, Montréal, Nouvelle Optique, 1983, 300 p.

HENTSCH, Thierry. *Introduction aux fondements du politique*, Sainte-Foy, PUQ, 1993, 115 p.

HERMET, Guy *et al. Dictionnaire de la science politique et des institutions politiques*, Paris, Armand Colin, 1998, 285 p.

HEURTEAUX, Michel. *L'ONU*, Toulouse, Éditions Milan, coll. « Les Essentiels », 1995, 64 p.

HUISMAN, Denis, et Serge LE STRAT. *Le petit Retz des nouvelles idées en philosophie*, Paris, Éditions Retz, 1987, 159 p.

HUMM, Maggie. *Dictionary of Feminist Theory*, Columbus, Ohio State University Press, 1990, 278 p.

HUNTZINGER, Jacques. *Introduction aux relations internationales*, Paris, Éditions du Seuil, coll. « Points politique », 1987, 358 p.

Idéologies et régimes politiques, Ottawa, MGL éditeur, 1992, 929 p.

JULIA, Didier. *Dictionnaire de la philosophie*, Paris, Larousse, 1984, 304 p.

JURDANT, Michel. *Le défi écologiste*, Montréal, Boréal-express, 1984, 432 p.

KAÏDI, Lofti. *L'islam*, Paris, Hachette, coll. « Qui ? Quand ? Quoi ? », 1995, 79 p.

KORANY, Bahgat *et al. Analyse des relations internationales, approches concepts et données*, Montréal, Gaëtan Morin, 1987, 361 p.

LABELLE, Gilles, Lawrence OLIVIER et Sylvain VÉZINA (sous la dir. de). *Introduction à la science politique*, Montréal, Chenelière/McGraw-Hill, 1996, 240 p.

LACOSTE, Yves. *Dictionnaire de géopolitique*, Paris, Flammarion, 1993, 1679 p.

La fin du tiers-monde ?, Paris, La Découverte, 1996, 181 p.

L'état du monde 1995, Montréal, Éditions du Boréal, 686 p.

Le Petit Pol, petit lexique des termes utilisés en science politique, Département des sciences sociales, Collège de Maisonneuve, Montréal, 1992, 52 p.

LÉVESQUE, René. *Option Québec*, texte précédé d'un essai d'André Bernard, Montréal, Éditions de l'Homme, 1988, 252 p.

LINTEAU, Paul-André *et al. Histoire du Québec contemporain*, Montréal, Éditions du Boréal, 1989 (Tome I, *De la confédération à la crise*, 658 p., et Tome II, *Le Québec de 1930 à nos jours*, 854 p.).

LORIOT, Gérard. *La démocratie au Québec*, Mont-Royal, Décarie Éditeur, 1998, 456 p.

LORIOT, Gérard. *Pouvoir, idéologies et régimes politiques*, Laval, Études Vivantes, 1992, 672 p.

MADAR, Daniel. *Canadian International Relations*, Scarborough, Prentice Hall, 2000, 363 p.

MANN-TROFIMENKOFF, Susan. *Visions nationales*, Montréal, Éd. du Trécarré, 1986, 455 p.

McMENEMY, John. *The Language of Canadian Politics*, Waterloo, Wilfrid Laurier University Press, 1999, 322 p.

MELANÇON, Benoît, et Pierre POPOVIC. *Le village québécois d'aujourd'hui*, Montréal, Fides, 2001, 147 p.

MERLE, Marcel. *La vie internationale*, Paris, Armand Colin, coll. « U », 1970, 381 p.

MONIÈRE, Denis. *Développement des idéologies au Québec*, Montréal, Québec/Amérique, 1977, 377 p.

MONIÈRE, Denis, et Jean H. GUAY. *Introduction aux théories politiques*, Montréal, Québec/Amérique, 1987, 197 p.

MOREAU-DEFARGES, Philippe. *Les grands concepts de la politique internationale*, Paris, Hachette, 1995, 158 p.

MORSY, Magali. *Lexique du monde arabe moderne*, Paris, Dalloz, 1986, 183 p.

ORY, Pascal (sous la dir. de). *Nouvelle histoire des idées politiques*, Paris, Hachette, 1987, 643 p.

PANOFF, Michel, et Michel PERRIN. *Dictionnaire de l'ethnologie*, Paris, Payot, 1973, 293 p.

PAUL, Victor. *Les Constitutions canadiennes 1763-1982*, Arthabaska, Les publications Vic, 1981, 201 p.

PETRELLA, Ricardo. *Le bien commun, éloge de la solidarité*, 2e édition, Paris, Labor, coll. « Quartier libre », 1998, 93 p.

PHÉLIZON, Jean-François. *Dictionnaire de l'économie*, Paris, Économica, 1985, 352 p.

PILETTE, Lorraine. *La Constitution canadienne*, Montréal, Éditions du Boréal, 1993, 124 p.

PIRIOU, Jean-Paul. *Lexique de sciences économiques et sociales*, Paris, La Découverte, 1996, 120 p.

POLITZER, Georges. *Principes élémentaires de philosophie*, Paris, Éditions sociales, 1977, 286 p.

PRÉLOT, M., et G. LESCUYER. *Histoire des idées politiques*, Paris, Dalloz, 1990, 954 p.

REEBER, Michel. *L'Islam*, Toulouse, Éditions Milan, 1995, 63 p.

REY, Alain (sous la dir. de). *Dictionnaire historique de la langue française*, Paris, Le Robert, 1992, 4304 p.

SCHIFRES, Josiane. *Lexique de philosophie*, Paris, Hatier, 1984, 159 p.

SCRUTON, Roger. *A dictionary of political thought*, New York, Hill and Wang, 1984, 499 p.

SHIVELY, W.P., P. VENNE et A. FINKEL. *Pouvoir et décision. Introduction à la science politique*, Montréal, Chenelière/McGraw-Hill, 1999, 293 p.

SOPPELSA, Jacques (sous la dir. de). *Lexique de géopolitique*, Paris, Dalloz, 1988, 277 p.

SOPPELSA, Jacques. *Géopolitique de 1945 à nos jours*, Paris, Dalloz, 1993, 292 p.

TOINET, Marie-France. *Le système politique des États-Unis*, Paris, PUF, 1987, 629 p.

VACHER, Laurent-Michel. *Histoire d'idées*, Montréal, Liber, 1994, 259 p.

Votre Assemblée, Direction des communications, Assemblée nationale, 1985.

VENNE, Michel. « Point-virgule ». In *Le Devoir*, 23 juillet 2001, p. A 6

ZORGBIBE, Charles. *Dictionnaire de politique internationale*, Paris, PUF, 1988, 721 p.

Notes

Notes

Notes

Notes

Notes